都市貧困層の
実態と支援政策

元田　宏樹　著

敬文堂

はじめに

1　本書の問題意識と背景

　日本は、かつていわれていたような「一億総中流社会」ではなくなった。2010年版の厚生労働白書によると、相対的貧困率（所得の中央値の50％以下の収入の人の割合）は、14.9％となり、OECDに加盟している30カ国の中では、ワースト4位であった。

　また、所得再分配後の数値では、かつて平等性の高かった日本も現在では、イタリアやアメリカといった不平等性の高い国のグループに位置づけられている。言うまでもなく不平等性が高いということは貧富の差が大きいということである。

　さらに、生活保護受給世帯をみると1995年には約88万人の受給者数であったが、2013年7月現在、215万人を超えており、2011年に過去最高を更新して以降増加傾向が続いている。金融広報中央委員会によれば貯蓄がまったく無い世帯も1980年代後半には5％だったが、2013年には31.0％にまで上昇している。

　統計からも明らかなように、日本の貧困問題は深刻さを増している。では、貧困と呼ばれる人にはどのような人々がいるのであろうか。一般的には、生活保護受給世帯、日雇労働者、路上生活者（ホームレス）、そして、最近では住居を喪失し、インターネットカフェや24時間営業のファーストフード店で寝泊りせざるを得ない、いわゆる"ネットカフェ難民"と呼ばれる貧困層が都心部を中心に存在している。

　貧困に陥った人たちの諸相は、このように様々である。しかしながら、生活歴や年齢によって相違するように見えるだけで、根本的には、かなり共通した要因があるのではないか。例えば、教育を受ける機会を逸したり、病気、多重債務、あるいは離婚等々である。

　一方、こうした要因で貧困に陥ったことに対し、「自己責任」という言葉

で片付けられることも多い。果たして本当にそうであろうか。親の虐待から逃れるため義務教育も満足に受けられず"ネットカフェ難民"生活を余儀なくされている人。50代で職場を解雇され再就職先が見つからずホームレスに陥った人。離婚して子どもを抱え養育費が十分にない母子世帯。こうした人々を「自己責任」で括ってしまうのは適切ではない。

さらに、そういった状態に陥ると、自分自身の努力だけで這い上がることは困難な場合が多い。すなわち「貧困の固定化」と呼ばれる現象が今の日本社会の特徴ともいえる。

このような状態を放置したままで、適切な対策を講じることがなければ、近い将来、医療や年金を含めた社会保障制度は、維持することが困難な状態になると考えられる。総合研究開発機構の調査報告書によれば、いわゆる「就職氷河期世代」（バブル経済崩壊の影響に伴い1993年から2005年までは企業の新規採用が大幅に減少し就職が困難を極めた）の人々の中には、非正規雇用者が多く、「潜在的老後被保護者は77.4万人、そして彼らが仮に全員、65歳から死ぬまで生活保護（生活扶助および住宅扶助）を満額受け取った場合必要な追加的な予算額は累計で約17.7兆円〜19.3兆円となる」（辻2008：122）と警鐘を鳴らしている。そして、就職氷河期世代に限らず、2008年の、リーマンショックに伴う日本経済の景気後退時も、企業においては大幅な人員削減が行われた。働く意欲、そして能力がありながら、社会経済状況の変化のために、そのチャンスを失わざるを得なかった人々が大勢いる。その中には、不安定な生活を余儀なくされ貧困状態に陥った人々も多い。

2　本書の目的

本書では、このように社会構造変化の波に翻弄された、都市における貧困層、とりわけ生活保護世帯及び生活保護水準以下の経済状態に陥った人々に焦点を当て、その背景を分析し、様々な課題を解決するための方策について研究を行った。

そして、公共政策の中でも多くの市民に受給の権利が保障されている生活

はじめに

保護制度に着目し、それを実際に運用している福祉事務所及びそこで働くケースワーカーの現状と課題について問題提起し、望ましい執行体制やあるべき姿について論述した。

さらに、生活困窮者対策において、行政が担うべき役割と市民活動との連携のあり方について、行政学の枠組みを用いて分析を試みた。そして、先駆的な取り組みを行っている諸外国や日本の自治体の事例を検証し、貧困層の人々に対する自立支援の新たなあり方として、"貧困防止の社会化"という考え方に関する政策提言を行った。

3　本書の研究方法

政策提言を行う前提として、日本における貧困者対策の歴史を文献から確認した。さらに英国と日本との貧困者対策の比較を行い、日本の制度の課題を浮き彫りにした。

「貧困」という定義については時代や各国の状況等に応じて様々な考え方があることから、本書においては、多様な要因を比較分析した上で一定の貧困状態を示す定義を試みた。

現行の支援制度における課題については、先行研究や各種報告書、フィールドワーク等から得られた知見を基に明らかにした。明確になった課題を整理し、望ましい支援政策について、諸外国の事例や自治体における先駆的な取組みを参考としつつ、より効果的な法制度や支援のあり方について研究を行った。

4　本書の構成

各章ごとの主な内容として、第1章においては、日本及びイギリスにおける公的扶助制度の成り立ちと現状、比較を行った。さらに、先進国における福祉国家体制の形成過程を概観し、公的扶助制度がどのように位置づけられているかを取り上げた。第1節では、日本における公的扶助制度に焦点をあてた。日本の公的扶助は、その源流を「大宝律令」に見出すことができ、基

本的な考え方である「近隣、肉親で助け合うという精神」は、明治政府による恤救規則、1929（昭和4）年に制定された救護法、そして旧生活保護法に至るまで、ほとんど変わっていないことがわかった。現行生活保護法において国家責任が明記されたが、未だに、保護申請者としては「迷惑は掛けられない」という心理が働き、受給抑制につながっている。第2節では、貧困救済の歴史が長く、最も進んだ形態で制度化されているイギリスを取り上げ特徴的な事例から日本における貧困対策との比較を行った。1601年に成立した「エリザベス救貧法」の貧民に対する救済は、国民から徴収する救貧税を充てるというものでありイギリスにおける貧民対策の最初の国家的な法律と言われている。1834年には「新救貧法」が成立し①全国均一処遇の原則、②劣等処遇の原則、③労役場制度、という3つの制度が盛り込まれた。その後、ベヴァリッジ報告による「ゆりかごから墓場まで」の福祉国家体制が確立したもののサッチャー政権はこれまでの手厚い社会保障制度を転換し、「大きな政府」から「小さな政府」への転換を図った。イギリスにおいては「働き得る貧困者」すなわち労働能力を持った貧困者に対しては、就労を強制させてきた。さらに、貧困者救済は国が一定程度責任を持つという考え方がある。他方、日本の公的扶助においては、そもそも「働き得る貧困者」については、救済の対象から除外をしてきた歴史があり、さらに貧困者救済は、扶養親族や地域の人間関係による救済を優先してきた。こうして見ると、日本において「働き得る貧困者」に対する考え方は、イギリスとは大きく異なり徹底した自己責任論により自ら解決の方策を選択させるようにしている。第3節では、福祉国家再編過程における福祉制度の位置づけを概観した。福祉国家とは、政府が租税や社会保険等によって、積極的に国民に対し社会保障サービスを提供する制度を体系化している国家である。戦後の自由主義圏において、資本主義体制を維持したまま、失業や賃金格差を是正し、貧富の差を拡大させないようにするため完全雇用の実現と経済の安定成長そして所得の再分配を行うことで国民の福祉を増進しようとした。こうして、OECD加盟国のほとんどすべての国で「福祉国家」は拡大していった。しかしながら、各国

の国民においては、社会保障制度が広く国民全体に行き届いている北欧諸国とアメリカのように社会保障のコストを中間層が多く負担し、受給できるのは一部の国民だけとなっている場合では、「福祉国家」に対する受け止め方も大きく異なる。そして、近年では、各国とも「福祉国家」の見直しを行い、中でも公的扶助の潮流としては、就労に力を入れた扶助が主流となりつつあることがわかった。

第2章においては、「貧困」という状態について客観的な概念整理を行った。さらに「絶対的貧困基準」から「相対的貧困基準」への変遷について論述し、望ましい指標のあり方について言及した。また、「貧困」に陥る要因について類型化を行いそれぞれの仕組みを分析した。第1節では、世界銀行や国連開発計画における貧困測定指数について、その効果と課題を明らかにした。さらに、紛争等による難民の状況について支援に取り組んでいる国際機関の活動を通じて考察した。また、GDPによる指標では多くの付加価値を生み出している国の内部における格差の実態を、ジニ係数や文献等から明らかにした。最後に日本の歴史について貧窮問答歌や徒然草等の文献から時代における貧困感について確認した。

本書では、貧困状態の概念を「主に経済的な欠乏及び人的資源のつながりの希薄によって、最低限度の生活水準を保つことができず、一個人及び世帯の努力ではその困窮状況が解決できない状態で、その状態が一時的または恒常的に続き、何らかの介入を加えなければ回復が見込めず、現状を維持することが困難であるとともに将来に向けて悪化が懸念される状態」と定義した。第2節では人間が生存していく上での最低生活水準を、栄養学や生活科学に基づき必要最小限度の食糧と生活必需品等を算出根拠とする「絶対的貧困基準」について言及した。これは、イギリスのシーボーム・ラウントリーによって1901年に示された基準である。ヨーク市全体の7割を超える世帯を調査し、総人口の3割近くが貧困状態であることを明らかにした。この指標は、最低生活費を科学的に算定するという名目で、その後、貧困基準として各国に影響を与えた。日本の生活保護制度においてもマーケット・バスケット方

式として採用されたこともあった。しかしながら、この基準は、公的扶助を受給する人々は"単に生命を維持する最低限度の水準で十分である"という考え方に繋がる危険があるということを指摘した。第3節では都市の貧困地域に居住する人々についてその歴史を踏まえ述べた。明治政府による日本の近代化政策によって、それまでの士農工商という身分制度に支えられていた封建社会は解体され四民平等の世の中となった。このことは、国民に自由と一定の繁栄をもたらした。その一方で、資本主義に基づく資本家と労働者という新たな格差問題が生じることになった。都市部においてその傾向は顕著であった。なぜなら、帝都として急速に発展を遂げていた東京に、地方から職を求めて多くの人々が集まったが、専ら収入の不安定な日雇い労働に従事していたことから、職を失うと直ちに衣食住に事欠く状況に陥っていた。社会の近代化に伴って貧困者が多く集まる一部の地域ではスラムが形成されていった。近代の東京においても各地において都市スラムと呼ばれる地域が誕生した。本節ではこれらの地域の成り立ちやそこでの暮らしぶりについて明らかにした。第4節では「絶対的貧困基準」に対する「相対的貧困基準」という考え方について取り上げた。これは、人間が単に生物学的に肉体を維持するだけでなく、人として社会や地域で、親類や友人との付き合いが保障され、文化的にも一般世帯と遜色のないレベルを維持でき、人としての尊厳が守られる最低限度の生活基準のことである。この考え方を構築したのは、イギリスのピーター・タウンゼントである。タウンゼントは生活困窮者を救済するべき基準は、「絶対的貧困基準」ではなく「相対的貧困基準」を採用するべきという考え方を示した。休日の過ごし方や外出の回数、自宅への友人の招待、食生活、住宅設備、耐久消費財の保有等12種類の項目を用いて調査を行い、何が満たされていないかという状態を「相対的剥奪」と定義した。この指標は直接生活の質を計っている点で、人々の直感に訴える概念である。このように相対的剥奪指標は、フロー所得のみによる指標よりも生活水準に密着した指標といえる。第5節では貧困に陥る要因分析を行った。貧困状態に陥る要因には様々な状況があり得る。①偶発的に発生する場合、②ある程

度予測がつくとともに個人の責に帰する場合、③個人の力では回避できない構造的な場合、と大きく3つに分類ができると考える。貧困原因として代表的な「傷病等」は、偶発的な場合が多い。「多重債務」や「離婚」は、一般的には個人の責任によるところが大きい。不況による失業や収入の減少、雇用形態の変化による非正規雇用などは構造的な問題として捉えることができる。本節では、貧困に陥る要因として、傷病等、多重債務、離婚、非正規雇用等を挙げた。では、貯金があり健康で、家庭に特段の問題がなく、正規採用社員であれば貧困に陥ることはないだろうか。少なくとも、そうした条件が整っている限り生活保護基準以下の生活を強いられる可能性は低いと考えられる。しかし、その条件が崩れると貧困リスクは確実に高まる。例をあげると50代の世帯主が、勤め先を解雇された場合、再就職先がすぐ見つかれば良いが、雇用保険の受給期間が終わり、失業状態が長期化し蓄えも無くなった場合、貧困状態に転落する。このように一見貧困とは無縁に見える世帯でも悪条件が重なることで貧困状態になる。そして、一度貧困状態に陥ると、そこから抜け出すことは困難を極める。いわゆる貧困の固定化といわれる現象が今の日本では多く見られることを明らかにした。

　第3章では、都市に居住する貧困層の実態について、各種報告書、文献、フィールドワーク等によって実態を明らかにした。第1節で、生活保護受給者について述べた。近年、高齢化や社会構造の変化により収入が最低生活水準を下回る世帯が増加し、その結果、保護受給世帯は過去最多となっている。特にリーマンショック以降の保護世帯類型をみると特徴的な実態が浮き彫りになる。「高齢」、「障害」、「傷病」、「母子」の割合がすべて減少する中、「その他世帯」だけが割合として増えている。「その他世帯」とはそれ以外の世帯に該当しない世帯であり、「派遣切り」によって保護を開始した世帯が含まれる。第2節では1990年代に入り不況が長期化するにつれ失業者が大幅に増加し都心部を中心に増加したホームレスについて述べた。都市部で見かけるホームレスは、決して新しい問題ではなく、終戦直後の日本においては、女性や子どもを含め、多く存在した。従来、日本においては、"乞食"、

"浮浪者"と呼ばれていた。高度経済成長期を経て人々の生活が豊かになるのと同時に、その数は確実に減少してきた。しかしながら、バブル経済の終焉に伴い特に東京23区、大阪市、横浜市等の大都市に集中するホームレスが社会問題となった。その後の行政や支援団体による支援施策の充実によってホームレスの数は年々減少傾向にある。都道府県としては、大阪府が最も多く、次いで東京都となっておりその合計は全国の約半数を占めている。本節では、ホームレスの居住環境、年齢、路上生活期間、収入源等の生活実態を中心に取り上げた。第3節では、都心部を中心に、住居を失いインターネットカフェやマンガ喫茶等に寝泊まりしながら、日雇派遣労働といった不安定な雇用形態で就業する、いわゆる"ネットカフェ難民"ついて言及した。厚生労働省が調査を実施し2007（平成19）年8月「住居喪失不安定就労者の実態に関する調査」として報告された。これらの調査を基に実態、生活状況等を概観した。

　第4章においては、現代の日本における貧困者救済の制度として、その中心である生活保護制度と自治体主導で実施しているホームレス自立支援システムに着目し、現状認識と課題について検証した。第1節では、公的扶助制度について述べた。現行生活保護法は、1950（昭和25）年に成立し、日本におけるセーフティネットとして重要な役割を果たしてきた。しかしながら成立後60年以上が経過しており、現代の生活困窮者に本制度を適用しようとした時、そこには矛盾や限界が発生するようになった。そこで、制度の目的、基本原理といった法制度のあり方や、組織・人員配置等といった運営体制の面から、現状と課題を浮き彫りにした。第2節では、ホームレス自立支援システムについて言及した。1990年代に入り不況が長期化するにつれホームレスの顕在化が社会問題となり特に東京23区、大阪市、横浜市等の大都市に集中した。こうした実態について、厚生労働省の全国調査や東京都の報告書、さらには支援団体や当事者の立場から、そして、先行研究を通じて自治体の取組み及びホームレス自立支援法に基づく自立支援システムについて分析し検証を行った。

第5章においては、これまで論述してきた都市貧困層に対して、具体的な支援策や制度のあり方、望ましい地域社会の仕組みづくりについて提言を試みた。第1節では、公的扶助制度の実施機関である福祉事務所機能の改善について触れた。①職員の専門性担保、②ケースワーク業務の一部委託、③効果的な執行体制、④適切な人員配置等について行政学のフレームワークを用いて運営面から改善の提言を行い、法制度の面からは、自立に関する概念、資産調査・扶養照会のあり方等について言及した。次いで第2節では"貧困防止の社会化"を成し遂げるための方策について述べた。日本の社会において生活困窮に陥った人々に対する支援は、財政面、人的資源面から行政にすべてを任せることは困難である。かといって民間がその全てを担うことも現実的には難しい。行政が一定の役割を担いつつ、いかに地域やNPOの活動を後押しするかが貧困を防止するうえで重要であると考える。過去には民間によるセツルメント活動による支援があった。現代ではNPO等による支援が活発になっている。望ましい支援体制の構築に向け、行政学の視点からその守備範囲を検討し、なすべき取組みを明らかにした。また、海外の事例や自治体による先進的な取組みを通じて、「共助」の仕組みづくりを考察した。地域社会における「協働」の動きを構築し「共助」のシステムを広げることができれば"地域社会の課題は地域社会の中で"ということが可能となる。こうした社会を構築できれば"貧困防止の社会化"は成し遂げられると考える。

目　次

はじめに（i）

第1章　公的扶助制度の形成と福祉国家体制における位置づけ …………………………………… 1

第1節　日本における公的扶助制度（1）
1　大宝律令（1）
2　大宝律令以降の公的救済（2）
3　恤救規則の制定（3）
4　救護法の制定（5）
5　生活保護法の制定（6）
6　救貧から防貧へ（9）

第2節　イギリスにおける貧困者対策の変遷（9）
1　ヘンリー8世による救貧政策（9）
2　エリザベス救貧法（11）
3　ギルバート法における院外救済（13）
4　スピーナムランド制度の功罪について（14）
5　新救貧法の制定（16）
6　ベヴァリッジ報告による社会保障制度の確立（22）
7　サッチャリズムと福祉国家再編（23）
8　ブレアによる「第三の道」政策（25）
9　イギリスと日本における違いについて（26）

第3節　福祉国家再編過程における福祉制度の位置づけ（27）
1　福祉国家について（27）
2　福祉国家の類型について（33）
3　現代福祉国家におけるワークフェアの潮流と課題（42）

第2章　都市貧困層の形成分析 …… 47

第1節　貧困概念の整理（47）
　1　貧困とは（47）
第2節　絶対的貧困基準（60）
　1　ラウントリーによる「絶対的貧困基準」という考え方（60）
第3節　近代東京における貧困地域の形成（67）
　1　都市スラムの形成過程（67）
　2　近代東京における都市スラム（69）
　3　都市スラムの消滅（74）
第4節　相対的貧困基準への移行（75）
　1　相対的貧困基準とは（75）
　2　タウンゼントによる相対的剥奪（76）
　3　合意基準アプローチによる分析（81）
　4　効果的な貧困状態の測定（84）
第5節　貧困に陥る要因分析（85）
　1　貧困の要因（85）

第3章　都市貧困層の諸相 …… 101

第1節　生活保護受給世帯（101）
　1　世帯数等（101）
　2　保護人員及び保護率（102）
　3　保護開始・廃止の主な理由（103）
　4　東京都における生活保護の現状（105）
　5　措置にかかわる最近の動向（年越し派遣村以降）（106）
第2節　ホームレス（109）
　1　ホームレスとは（109）
　2　ホームレス数（111）

3　居住実態（112）

　　　4　年齢等（114）

　　　5　ホームレスになる前の状況（115）

　　　6　路上生活の期間（118）

　　　7　仕事と収入の状況（119）

　　　8　今後の生活について（122）

　第3節　住居喪失不安定就労者（124）

　　　1　住居喪失不安定就労者とは（124）

　　　2　概数等（124）

　　　3　住居喪失の理由（125）

　　　4　生活状況（126）

第4章　支援政策の現状及び課題 …………………127

　第1節　生活保護制度（127）

　　　1　日本の社会保障制度（127）

　　　2　制度の目的と課題（128）

　　　3　基本原理と課題（129）

　　　4　保護の体系（133）

　　　5　生活保護制度を司る福祉事務所の運営体制（134）

　　　6　担い手の確保と育成を阻む要因（137）

　　　7　生活保護制度における課題（142）

　第2節　ホームレス自立支援システム（142）

　　　1　自治体の取組み及びホームレス自立支援法について（142）

　　　2　ホームレス自立支援システム（144）

　　　3　ホームレス全国調査から見た課題（149）

　　　4　当事者や支援団体等から見た課題（152）

　　　5　今後の方向性について（155）

第 5 章　求められる支援政策……………………………………157

第 1 節　新たな公的扶助制度の枠組み（157）
　1　国庫負担割合の変更（157）
　2　効果的な執行体制（159）
　3　補足性の原理の見直し（160）
　4　専門性の担保（161）
　5　ケースワーク業務の一部委託（162）
　6　適切な人員配置（165）

第 2 節　貧困防止の社会化（165）
　1　公共サービスの担い手について（165）
　2　セツルメント活動（168）
　3　NPOとの協働（174）
　4　望ましい支援体制の構築に向けて（175）

第 6 章　結びにかえて ……………………………………………183

あとがき（187）
参考文献（189）
索　　引（199）

第1章　公的扶助制度の形成と福祉国家体制における位置づけ

第1節　日本における公的扶助制度

1　大宝律令

　日本の公的扶助制度の始まりは、701（大宝元）年に制定された「大宝律令」の戸令における救済制度といわれている。この法典は、当時、日本より様々な面で文化が進んでいた唐の制度を取り入れたものだが、すでにそこに、今日の公的扶助制度の根幹をなす考え方を見出すことができる。戸令第32条で救済の対象となる者は、「鰥寡孤獨貧窮老人廃疾の輩にて、自ら生活能わらず者は、近き身寄りの者をして、引取り養はしめよ、若し近親の者なければ、其町村に於て救養せしめ」とある。「鰥」とは、60歳以上で妻のない者、「寡」とは、50歳以上で夫のない者、「孤」とは、15歳以下で父のない者、「獨」とは、60歳以上で子のない者、「貧窮」とは、財貨のない者、「老」とは、65歳以上の者、「廃疾」とは、障害の者である（窪美1924：224）。

　こうした人たちについては、近親者に引き取らせて扶養させ、扶養するべき近親者がいない場合には、その町や村で保護するべきとしている。生活保護法の策定にあたった小山進次郎は、「その形態、内容いずれの点から見ても頗る進歩的なものであって、約一二五〇年前にかくの如き整備された制度が日本において実施されていたことについては、いささか驚異の感なきを得ないのである」（小山1950：4）と述べている。まさに、現代の公的扶助である生活保護法と比較しても形式的に何ら遜色はない。

　「貧窮（財貨のない者）」についていえば、生活保護法における「補足性の原理」と同じ原理である。これは、生活保護法における原理のひとつであり、最低生活を維持するために、本人が持っているすべての資産・能力を最大限活用し、それでも不足する部分について保護をすることとされる考え方であ

る。また、「老（65歳以上の者）」については、現在の福祉事務所で行われている指導とまったく同じである。生活保護法では、年齢による制限はないことが前提になっているものの実際には、65歳になるまでは、稼働年齢層と呼ばれ、何らかの疾病等がなければ保護受給は制限されているのが現状である。当然のことながら大宝年間の65歳というのは、現代の65歳と比較すると加齢がかなり進んだ状態と思われるが、一定の年齢で制限するという考え方は、昔も今も変わらない。さらに、まずは、近親者に扶養させるという考え方も、現法の扶養義務者の扶養を優先させるという規定と同じである。

2　大宝律令以降の公的救済

日本の公的扶助は、その後も730（天平2）年には、聖武天皇の皇后である光明皇后によって「施薬院」、「悲田院」による救済が行われた。しかし、天皇の勢力が相対的に衰えてくるに伴い、こうした公的扶助は行われなくなり、その思想を受け継いだ寺院等による社会事業が細々と行われるに過ぎなくなった。「日本の歴史上、武家政権と呼ばれる期間の大部分は、公的救済は空白をなしている」（小山1950：5）という指摘もある。ようやくその最後の時期に位置する徳川時代において公的な窮民救済策が見られるようになる。その代表的なものとして「町会所」による「七分積金」の救済制度があった。これは、地主が負担するべき町の経費（町入用）のうち7割を備蓄用の食糧や町内の貧困者への手当に充てるものであった。「町会所」という一種の自治的組織によって運営される点が特徴的であった。ただし実際の運営にあたっては、家族数や性別、年齢等により厳格に執行され安易に運用され

（1）社会福祉法第14条で「都道府県及び市は、条例で、福祉に関する事務所を設置しなければならない」とされている。
（2）15歳～64歳の人の場合、福祉事務所から稼働能力の活用を強く求められる。
（3）生活保護法においては、民法第877条第1項の「直系血族及び兄弟姉妹」を絶対的扶養義務者、同条第2項の「三親等内の親族」を相対的扶養義務者としている。
（4）栽培した薬草等を貧しい人に無料で与え治療を施した施設。
（5）仏教思想に基づき、聖徳太子が設立したといわれている。身寄りのない高齢者や貧しい人、孤児を救うために作られた施設。

第1章　公的扶助制度の形成と福祉国家体制における位置づけ

ることはなかったという。なお、こうして厳格な運用によって残された資金は、実際にはこの資金を引き継いだ明治政府によって道路や橋梁といったインフラ整備の財源として消費された。[6]

　また、この時代には、領主の命により組織された「五人組」の制度もあった。これは、隣保制度であり、それぞれの組の内部において、連帯責任・相互監察・相互扶助が求められた。江戸時代における公的救済は、このように自治組織内で完結する制度であったといえる。

3　恤救規則の制定

　明治政府は、富国強兵、殖産興業を大命題とし、近代的産業の保護とその育成を図る政策を強力に推進した。この時期の代表的な公的救済制度は、1874（明治7）年12月に公布された太政官通達第162号の恤救規則であった。その全文は次に掲げるように極めて短いものである。

恤救規則

　済貧恤救ハ人民相互ノ情誼ニ因テ其方法ヲ設クヘキ筈ニ候得共目下難差置無告ノ窮民ハ自今各地ノ遠近ニヨリ五十日以内ノ分左ノ規則ニ照シ取計置委曲内務省ヘ可伺出此旨相達候事
一　極貧ノ者独身ニテ廃疾ニ罹リ産業ヲ営ム能ハサル者ニハ一ケ年米壱石八斗ノ積ヲ以テ給与スヘシ
　但独身ニ非スト雖モ余ノ家人七十年以上十五年以下ニテ其身廃疾ニ罹リ窮迫ノ者ハ本文ニ準シ給与スヘシ
一　同独身ニテ七十年以上ノ者重病或ハ老衰シテ産業ヲ営ム能ハサル者ニハ一ケ年米壱石八斗ノ積ヲ以テ給与スヘシ
　但独身ニ非スト雖モ余ノ家人七十年以上十五年以下ニテ其身重病或ハ老衰シテ窮迫ノ者ハ本文ニ準シ給与スヘシ
一　同独身ニテ疾病ニ罹リ産業ヲ営ム能ハサル者ニハ一日米男ハ三合女ハ二合ノ

（6）東京都公文書館『都史紀要7　七分積金』1960年「結果的にこの金の運用を引つがれた維新政府は財政困難なため、あらゆる方面にこの金の助けを求めた」とある。

>   割ヲ以テ給与スヘシ
>   但独身ニ非スト雖モ余ノ家人七十年以上十五年以下ニテ其身病ニ罹リ窮迫ノ者ハ本文ニ準シ給与スヘシ
> 一　同独身ニテ十三年以下ノ者ニハ一ケ年米七斗ノ積ヲ以テ給与スヘシ
>   但独身二非スト雖モ余ノ家人七十年以上十五年以下ニテ其身窮迫ノ者ハ本文ニ準シ給与スヘシ
> 一　救助米ハ該地前月ノ<u>下米相場ヲ以テ石代下ケ渡スヘキ事</u>
>
> ＊<u>下線筆者</u>

　規則の主旨としては、下線部分にあるように、貧困救済は、「人びとの間のお互いの同情心によっておこなうのが建前であるが」「誰にも頼れない困窮者だけは」その救済の対象として、状況に応じて一定の食糧代を支給するというものであった。ちなみに「恤」の意としては、"あわれむ"、"心配する"、"困っている人に金品を贈る"とされている[7]。極貧で障害を持った独身者や70歳以上の重疾病者で生業が不可能な者や、13歳以下の幼年独身者等、対象者を厳しく限定するとともに、貧困に陥ったのは個人に原因があるとする考え方をベースに、公的な救済よりも道義や倫理による隣保救済の原理が強調されている。

　なお、別の視点から見ると、最後の条文で、「下米相場ヲ以テ石代下ケ渡スヘキ事」とあるように、当時の物価等を考慮するとともに金銭給付による保護を定めたことは、これ以前の救貧制度が米穀の単一的現物給付をしていたことと比較すると大きな変化といえる。恤救規則は、近代政府が制定した貧困救済に関する基本的制度であり1929（昭和4）年の救護法制定までの55年間、現実に貧困者を救ったことは注目に値する。しかしながら、「大宝律令」にも見られたとおり、公的救済を受ける前に近親者による扶助を優先させる考え方はこの規則にも引き継がれた。

（7）『大辞泉（増補・新装版）』小学館1998年。

第1章　公的扶助制度の形成と福祉国家体制における位置づけ

4　救護法の制定
（1）救護法の特色

　大正期における米騒動や、昭和期に入ってからの国内における資本家と労働者の構造的な対立により、政府も貧困の原因を単に個人的な問題によって発生するという考え方を改めざるを得なくなった。そして、明治の初めに制定された恤救規則の抜本的改正が強く求められるようになり1929（昭和4）年「救護法」が制定された。しかしながら時代は世界恐慌の真只中であったことから、直ちには実施されず、3年後に施行がずれ込んだ。この法律で救済の対象とされたのは、①65歳以上の老衰者、②13歳以下の幼者、③妊産婦、④不具廃疾(8)、疾病、傷病その他精神又は身体の障害により労務を行うに故障のある者とされた。すなわち14歳から64歳の者は、労働能力がある限り対象外となった。また、除外項目として、扶養義務者が扶養することのできる者は救護しないとされた。さらに、「救護を受ける者の性行が著しく不良のとき、又は著しく怠惰な時は救護しないことができる」となっている。なお、救護に要する費用も明記され一旦市町村が全額支弁した後、国が2分の1、道府県が4分の1を補助することとされた。

　救護法は、恤救規則と比較すると、救護の実施機関、貧困者を収容する施設、費用負担、救護の種類等が定められ、当時としては進歩的な内容となっている。しかしながら、失業による困窮者を対象外とし、また被救護者の地位については、いわゆる「法の反射的利益」に過ぎないものとされ保護請求権は認められていなかった。そして、「救護における国家責任が法文上明確でない点において、未だ近代的公的扶助制度としての十分な条件を欠いていると言わざるを得ない」（小山1950：11）と指摘されている。

（2）他制度への分散

　救護法においては、その差別的な取り扱いや制限の厳格さから、現実の貧困に対応できなくなった。そして、貧困対策は、他の法律の制定が相次いだことから次第に分散化するようになった。「児童虐待防止法」1933（昭和8）

（8）現代においては差別用語とされている。ここでは、法文上そのまま引用した。

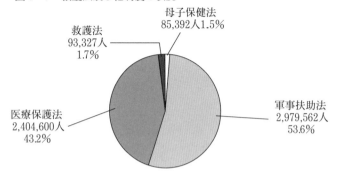

図1-1　救護法及び他制度の状況

出典：（小山1950：12）より筆者作成

年、「母子保護法」1937（昭和12）年、「軍事扶助法」（同年）、「医療保護法」1941（昭和16）年、が制定された。これらの制度が主流となり、救護法については、その存在価値が低下し、むしろ他の制度で救済できない極めて限られた人たちを救護するための制度になった。参考までに1945（昭和20）年における救済人員の内訳を示すと、（図1-1）のとおりである。

5　生活保護法の制定
（1）旧生活保護法

　1945（昭和20）年、日本は敗戦により国民の大多数が、生活困窮状態に陥った。そして、戦災者や引揚者に対する公的な需要が急激に増えた。しかしながら、既存の救護法をはじめとする各種公的扶助制度では、効率が悪くそれらに対応できなかった。そうした中、占領軍総司令部（GHQ）は日本政府に食糧・衣類・住宅等を失業者や貧困者に対して確保するよう指令した。これを受けた政府は、既存の分散化している制度を再構築し国民援護に関する新しい法律を制定することを示すとともに、臨時的・応急的な暫定措置として、「生活困窮者緊急生活援護要綱」を定めた。1946（昭和21）年、占領軍総司令部は、公的扶助の構築にあたり、①国家責任の原則、②無差別平等の原則、③最低生活保障の原則の3つの原則を守るよう指令した。政府は、

第 1 章　公的扶助制度の形成と福祉国家体制における位置づけ

この 3 原則を踏まえた上で計画を練り直し、同年の第90回帝国議会に生活保護法案を提出した。同法案は 9 月に可決し、翌10月から施行された。すなわち新憲法が公布される11月の直前に成立したわけである。この旧生活保護法は、それまでの制限扶助主義から抜け出し、無差別平等の原則を持つ近代的公的扶助制度として成立した。また、国家責任を明確にしたということは、貧困を個人の責任に帰すことをせず、社会的責任であることを認めたものとなった。

しかしながら、保護請求権は、個々の要保護者には積極的に認められていなかった。また、救護法にもあった扶養能力を持った扶養義務者がいる場合は保護しないという規定も残された。

（2）現行生活保護法

占領軍総司令部は、1947（昭和22）年日本の適正な社会保障計画を樹立するため、アメリカ合衆国社会保障行政部及び公衆衛生部から 5 人の学識経験者を調査団として招聘した。翌年、調査団は「社会保障制度への勧告」を提出した。勧告では、「社会保障実現の具体的方法並びに計画は日本の現状に照らし、且つ、また日本の社会において最も関係を有する人々の立場において決定せられるべきである」[9]とされた。これを受けた日本政府は、1948（昭和23）年12月、社会保障制度改革の具体的目標や実現方法を審議するための「社会保障制度審議会」を設置した。翌年、審議会は日本政府に対して「生活保護制度の改善強化に関する勧告」[10]を行った。主な内容としては、①国はすべての国民に対し最低生活を保障しその内容は健康で文化的な生活を営ませるものでなければならない。②他の制度により最低生活を営むことのできないものは、当然に公の扶助を請求しうるという建前が確立されなければならない。従って申請を却下された者及び現に扶助を受けているもので不服のある者はその是正を法的に請求できるようにしなければならない。③保護に当たる職員は、一定の資格を持たなければならない。④保護を要する状態に

（9）『社会保障制度えの勧告』（米国社会保障制度調査団報告書）主題・四。
（10）『社会保障制度に関する勧告および答申類』社会保障制度審議会1953、8 頁。

あるものを発見すること。⑤保護を受ける者の生活指導を行うこと。というものであった。日本政府は、この勧告を受けて1950（昭和25）年３月、第７回国会に現行生活保護法を上程し、法案は同年５月に可決され公布された。このようにして、日本における現行生活保護制度は確立された。

　新法は、憲法第25条に規定する生存権の理念に基づくものであるということが明文化された。法案作成に当たった小山によれば、「国民に保護請求権を賦与している点が、新法をして旧法と、決定的に異ならしめている」「『国民に保護を受ける権利あり』とするかどうかは、旧法の立案当時においても極めて入念に検討された問題である」（小山1950：105）とあるとおり旧法では、保護の権利は一種の反射的利益に留められていたが、新法になってそれは解消され保護を受けることは権利とされた。さらに「保護の実施における国家責任を強調し、保護を受ける者に卑屈感を抱かせるに至る惧れのある字句は、一切法文の中に使用しないという態度が採られた」（小山1950：105）とあり、保護を受給するうえで大部分の人が感じるスティグマ[11]を払拭する配慮がなされたことは一般的に評価されている。そして、旧法においては、①生計の維持に努めない者、②素行不良な者は保護に値しないとして取り扱われていたが、これは、最低生活保障という観点からは好ましくないことから新法においてはこれを改め、急迫した事由がある場合には、一旦保護を開始し、その後適切な指導・指示をしていく方法が執られるようになった。すなわち、貧困状態に陥った理由を問わず、また年齢等の制限も一切なく、今現在、生活に困窮していれば、どのような人であれ保護を開始することとなった。

　また、民法上の扶養義務について、旧法ではこれを保護受給の資格に関連させていたところだが、新法においては、これを避け、単に民法上の扶養が生活保護に優先して行われるべきだという建前を規定するだけとなった。すなわち、旧法においては、扶養義務者に一定の資力があれば現実に扶養しているかどうかを問わず保護は支給されなかった。新法では、仮に扶養義務者

（11）不名誉や屈辱の徴。汚点、汚名。

に資力があったとしても、扶養義務者が扶養を断れば保護の実施機関[12]は保護をしなければならないこととなった。

6　救貧から防貧へ

日本における公的扶助は、その源流を「大宝律令」に見出すことができ、しかも、その根幹は生活保護法に至るまで、ほとんど変わっていないことがわかった。ただし1つだけいえることとしては、①年齢制限、②財産の有無、③障害等の状況、④扶養義務者の責任、⑤困窮に陥った原因等の、保護を受けるまでの様々な条件が、時代とともに緩和されていることである。これは、総じていえば日本人の生活レベルが豊かになっていく過程で、人権意識が高まってきたことが背景にあると考えられる。

一方、生活保護受給者の不正受給問題や、他制度の構造的疲弊問題から保護受給者への風当たりと生活保護制度そのものへの批判が近年強くなっている。さらに、財政の問題から、給付額を削減する圧力も高まっている。当然のことながら、不正受給は厳しく摘発する必要がある。また、制度内において、時代に沿わない箇所は改正が必要であることは言うまでもない。しかしながら、貧困に陥った人を「自己責任」論や財政問題から切り捨てることはあってはならない。「救貧」という観点で見ると、これまでの変遷からわかるとおり時代に逆行してはならない。社会保障制度の破綻が叫ばれている将来に向けては、むしろ、貧困に陥らないためにどうすればよいかという「防貧」への仕組みづくりを強化するべきである。

第2節　イギリスにおける貧困者対策の変遷

1　ヘンリー8世による救貧政策

ここで、貧困救済の歴史が長く、最も進んだ形態で制度化されているイギリスにおける特徴的な事例から日本における貧困対策との比較を行いたい。

---

(12) 生活保護法第19条で生活保護を決定し、かつ、実施する機関と規定されている。福祉事務所とほぼ同意。

歴史から見ると、イギリスにおける国家レベルの貧困者対策は16世紀まで遡ることができる。当時、農奴制の緩和により封建領主から逃れた農民層が放浪するようになるとともに毛織物産業が発展することで、それまで農地として耕していた土地を牧羊地に転用し、小作人を追放するいわゆる「囲い込み」が活発に行われ、農民は仕事を奪われるようになった。1380年では2％だった無土地農民は、1540年には11％〜12％まで膨れ上がった（高島1995：27）。土地を追われた農民の中には生活のため罪を犯すものが増加した。議会としても「囲い込み」等によって発生した貧困農民は、怠惰のゆえに貧困になったわけではないことを認識せざるを得なかった。こうした中、ヘンリー8世は1531年法（An Act concerning Punishment of Beggars and Vagabonds）により乞食や浮浪を原則禁止したが、高齢者や障害者については登録した上で物乞いを認めた。他方、労働能力のある貧民に対しては、荷車での引き回しや鞭打ちを行い、元いた土地へ帰って就労する宣誓書を書かせた。これを守らなかった場合は、耳を切り落とすという残虐な行為がなされた。その後、ヘンリー8世は1536年法（An Act for Punishment of Sturdy Vagabonds and Beggars）を定め更に罰則を強化した。この法律は、「浮浪3犯者は重罪犯人および公共の敵として死刑に処する」（高島1995：29）という極めて厳格な処罰を行うものであった。この法律の特徴として、1531年法で一度は認めた物乞いを禁止し、高齢者や障害者に対しては慈善的な提供に基づく資金から施しを与えた。さらに、「法律は初めて成年者を『働き得るもの』と『働き得ないもの』の二つに区分し、前者に対しては自身の手で生計を立てさせるように継続的に就労をせしめ、後者については、『施与が与えられ、援助され、救助される』」（樫原1981：19）こととされた。

　この「働ける貧困者」と「働けない貧困者」を分けるという考え方は、日本においても同じ運用が行われている。稼働年齢層と言われる15歳から64歳までの申請者に対しては「水際作戦」と呼ばれる手法によって福祉事務所の窓口において保護の受給制限がされてきた。「働ける貧困者」に対しては、「まずはハローワークに行って仕事を見つけて来て下さい」といった対応で

申請を拒む事例が報告されている。当然のことながら当時のイギリスのような拷問はないものの、最後のセーフティネットを受給できず自殺に追い込まれたり、仕事が見つからないままホームレスに転落した人がいるといわれている。

1536年法についてリプソン（Ephraim Lipson 1888-1960）は、救貧法の萌芽的な形と述べている。1547年には、ヘンリー8世の長男であるエドワード6世が王位に就き1547年法（An Act for the Punishment for the Vagabonds and for the Relief of the Poor and the Impotent Persons）を制定した。この法律は、浮浪貧民を奴隷として使用するというものであったが、あまりにも処遇が厳しかったため1550年に廃止され、1531年法が一部修正されて復活した。

このように、16世紀のイギリスにおいて、貧困は社会構造から生み出されるという考え方が一部にあったが、貧民は犯罪者にあたるとされ厳罰をもって報いを受けなければならなかった。日本においても今でこそ貧困者に対する支援は国が行うものとされているが、制度として確立されたのは、1946（昭和21）年の終戦間もない時期にGHQの指令を受けて策定した旧生活保護法になってからである。

ちなみに「生きるために泥棒をする以外にはなかった浮浪貧民がヘンリー8世の治世に72,000人も死刑に（された）」（高島1995：28）とある。歴史学的な視点からは様々な解釈が展開できるだろうが、テューダー朝という絶対王政の維持のため貧民に対してこのような残虐な仕打ちが行われていたのは驚きである。

2 エリザベス救貧法

前節の貧民に対する救済制度は「特殊な都市の自治体当局の活動に主に依存しており」（樫原1981：21）とあるとおり、国として統一された運用ではなかった。こうした面を改善するため、それまでの貧民救済における法律を廃止し、1572年に新たな法律（An Act for the Punishment of

Vagabonds and the Relief of the Poor and Impotent）を制定することになった。この法律は、貧民に対する救済は、国民から徴収する救貧税を充てるというものでありイギリスにおける貧民対策の最初の国家的な法律と言われている。その後1576年に私生児に関する取扱いと就業強制に関する項目が追加された。「1572年および1576年の法律でエリザベス救貧法は実質的に完成したといわれる」（樫原1981：23）とある。この流れを経て、1601年に救貧立法として有名な「エリザベス救貧法」（An Act for the Relief of the Poor）が制定された。この法律では、各教区において、治安判事（justice of the peace）と教区委員（church warden）によって任命される「貧民監督官（oversees of the poor）」によって貧民救済施策が実施されるのが特徴である。貧民監督官は富裕層世帯から選出され、教区住民や土地所有者等から一種の固定資産税的な救貧税（poor rate）の徴収権限を併せ持った。集められた税金は、貧民が就業する際の原材料等の費用や働くことのできない貧困者の救済に充てられた。労働能力を有する貧民（the able bodied）は就労を強制され、拒否したものは治安判事によって懲治院（house of correction）や監獄に送られた。労働能力のない貧民（the impotent）は扶養親族がいない場合に限り救貧院（poor house）に収容されるか在宅で金品の給付を受けることができた。

　エリザベス救貧法は、それまでの法律名には必ず表記されていたPunishment（罰）という言葉が消えていたが、実際には懲罰的な規定が残された。

　また、貧困者を実際に救済する仕組みについて「貧民監督官にせよ治安判事にせよ無給の名誉職のアマチュア（その怠慢は罰金で処罰）であり、地方自治と引き替えに壮大な行政が安上がりに組織できた」（高島1995：30）とあるとおり民間に貧民支援の大部分の責任を負わせた。

　日本でも寛政年間（1790年）において、「町会所」による「七分積金」という半官半民の機関による窮民救済策や「五人組」による隣保制度によって、

---

(13)「『教区』とは、中世から続く教会組織の最小単位で、普通一つの教会とその牧師を中心とする地域共同体である」（武藤1995：26）

第1章 公的扶助制度の形成と福祉国家体制における位置づけ

地域社会に貧困者に対する相互扶助や相互観察の責任を負わせていた。この考え方は、明治政府における「恤救規則」から大正期における「救護法」まで引き継がれることになり、日本人における公的扶助に対するスティグマを抱かせる一因となっている。

3　ギルバート法における院外救済

イギリスにおける労働能力を持った貧民に対する施策は、ほとんどが労役場や懲治院等の施設に収容させ強制的に就労させる手法が中心であった。

そのような懲罰的な法律から一転して、貧困者救済に対し厚遇と思われる制度の制定が見られた。1782年に制定されたギルバート法である。法律の名称にもなったこの代議士は、「数年にわたり救貧法の修正と貧民の状態の改善のために献身的な努力をした」（樫原1981：80）とされている。この法律は、それまでの救貧立法が貧民救済に必ずしも役立っていないという批判から組み立てられている。特徴としては、施設中心の体制から貧民の在宅救済を認めた点と労働者の賃金不足を補填する制度（allowance system）を盛り込んだ点にある。しかしながら、この法律は、議会は通過したものの、採用の可否は各教区の裁量に任されていたため思ったほどの成果はなかった。

東京都におけるホームレス支援は、生活保護法を適用せずいわゆる「法外」とよばれる自立支援システムによる施設収容が中心になっている。すなわちホームレスに対しては、生活保護を適用せず施設で様々なアセスメントを行い就労支援することが多い。しかしながら、施設収容の弊害も指摘されており集団生活への抵抗や定められた期間内に就労しなければならないことから、自立支援システムを忌避して再び路上に戻るケースも少なくない。こうしたことから、ホームレスの支援団体等からは生活保護の適用を優先させアパート等へ入居させるべきだという指摘がなされている。ギルバート法に照らしても、貧困者に対する施設収容の是非及びその運用については、財源等の問題や劣等処遇の観点から時代を超えて同様の議論がなされているではないだろうか。

4 スピーナムランド制度の功罪について

　前述のギルバート法と併せてイギリスにおける人道主義的な院外救済としてスピーナムランド制度をあげることができる。

　18世紀後半のイギリスでは、小麦の収穫が激減し飢饉ともいえる様相を呈していた。特に1794年から翌年にかけては厳冬であったため、バルト海は氷で閉ざされ大陸からの船荷は大幅に遅れていた。1789年に始まったフランス革命の影響もヨーロッパに広がり飢饉に喘ぐ労働者達はジャコバン思想に引き込まれる可能性もあった。イギリスの指導者にとっては、「飢饉と革命の二重の恐怖の時代」（樫原1981：102）であった。

　このような社会不安を背景として、スピーナムランド制度という賃金補助制度が制定された。制度の成り立ちは1795年5月にイングランド南東部バークシャー州の治安判事（justice of the peace）たちがスピーナムランド地区で、急騰するパンの価格によって困窮する貧困層への支援を協議したことがその始まりである。「具体的には、物価連動性の院外救済制度である。パンの価格に最低所得を連動させ、働いても最低所得を下回る家庭には救貧手当が支給された」（権丈2009：3）という制度であり、スピーナムランドのパン率（Speenhamland Bread Scale）として知られるものである。

　なお、当初治安判事たちは、賃金を法律に従って一定に維持することを目的としていた。しかしながら協議に同席した牧師と地主たちは、困窮する労働者への支援は同意したが、「法律による賃金の釘づけの復活は不便と考えて満場一致で拒否」（樫原1981：98）したとされる。さらに同制度は「一見現代の所得保障のように受け取られるが、問題をもっていた。合理的な解決は最低賃金制以外になく（中略）、最低賃金制が治安判事の一部や大衆の要求にもなりはじめており、議会でも議員提案が出されていた。この制度は最低賃金制を避けて救貧にすり替えたのである」（高島1995：45-46）と本来であれば最低賃金制による解決が望ましいところパンの価格による賃金補助率の制度になったと指摘されている。その上でこの制度は応急の困窮者対策ではあったが規模や形態等変更を伴いつつ1795年から1833年にかけてイングラ

第1章　公的扶助制度の形成と福祉国家体制における位置づけ

ンドやウェールズの大部分の地域に「バークシャー・パン法」（Berkshire Bread Act）という名称で広がった。

　このようにスピーナムランド制度については、生活困窮している労働貧民の援助という目的で制定されたが、その弊害も指摘され現実に大きな悪影響を及ぼすことになった。雇用主は労働者に支払う賃金を下げたとしても、この制度によって最低限の生活ができるまでの金銭が保障されることから却って低賃金を固定化する動きとなってしまった。なおかつこの制度は教区単位で運営されていたため、労働者を自身の教区に安い賃金で縛り付けるという結果となった。まさに雇用主に対する「補助金」という意味合いの制度とされてしまった。

　一方、労働者側にとっても、低賃金が恒常的な状態となることで、この制度を利用せざるを得ない状況に陥ったため労働に対する誇りは奪われ他地域に移り、自立するという意識も減退してしまった。さらには、働かなくとも最低限の保障が受けられることから、ますます労働意欲は薄れ道徳的問題に発展していった。このようにスピーナムランド制度は、本来の目的とはかけ離れ雇用主及び労働者の両者にとって予期せぬ影響をもたらした。

　他方、興味深い視点としては「スピーナムランド制は労働予備軍を農村に維持し、その都市への移動を防止すべき真剣な試みの唯一のもの」（京大近代史研究会1955：80）という効果があげられる。この制度が制定された時代はちょうど産業革命期と重なり、農村部から都市部への人口流入が問題となっていた。許容量を超えた都市部において、労働者は劣悪な住環境、不衛生な状態を強いられていた。スピーナムランド制度によって農村部の教区に労働者が留め置かれたのは、一面から判断すれば成果に値するものと考えられる。

　雇用主に対する最低賃金の徹底か、または不足する賃金分は税金で穴埋めをするかどちらを選択するべきなのかは、多くの議論がなされている。ハーゲンブック（Walter Hagenbuch）は、「スピーナムランド制度に暗黙に含まれている誤りは低い賃金率によって生じる窮乏は賃金率の増加によってで

はなく公共基金から賃金の補充によって救済さるべきであるという（制度）」（永友1967：220）という点が、誤りであったと指摘している。「すなわち賃金と救済の混同であった」（樫原1981：125）。現代の日本においても最低賃金と生活保護の問題は解決されていない。厚生労働省が2012年9月に報告した「平成24年度地域別最低賃金額改定の答申について」によれば、地域別最低賃金額が生活保護水準と逆転している地域は、北海道、宮城県、東京都、神奈川県、大阪府、広島県の6都道府県に及ぶ。計算根拠としては、最低賃金で働いたときの月収から所得税や社会保険料を除いた可処分所得と、その地域で定められている生活保護費との水準を比較して判断している。こうした現象の下では、労働者はいくら重労働に耐えたとしても生活保護水準以下の生活レベルとなり、その結果、就労に対するモチベーションは低下する。少なくとも最低賃金については、生活保護を上回るように設定されなければならない。

　現在、低所得者層に対する様々な支援策が議論されている。代表的なものにベーシック・インカム、給付付き税額控除という制度がある。前者はすべての国民に最低限度の生活費を無償で支給する仕組みである。後者は「負の所得税」と呼ばれ個人所得税の税額控除制度の一形態である。所得が低い場合、税額控除で控除しきれない部分を逆に現金で支給する制度である。海外では既に10カ国以上で導入されている。両制度とも現金を支給する仕組みになっており特に、ベーシック・インカムは勤労意欲の減退という観点からスピーナムランド制度の悪影響の経験を踏まえた議論が必要になると考えられる。

5　新救貧法の制定

　スピーナムランド制度を運営するための救貧費徴収は納税者にとってかなりの負担となっていた。「一般の注意は貧困の根本的な原因ではなくて、賃金の教区補助を得る農業労働者の現象形態に向けられ、エリザベス時代から引きついだ救貧法の異常な弛緩の結果、救貧税の増大により地方の荒廃と貧民自体の堕落をもたらしつつあると考えられていた」（樫原1981：139-140）

第1章　公的扶助制度の形成と福祉国家体制における位置づけ

という状況下にあり、イングランド南部地域では、農業労働者の暴動に近い運動も展開されていた。

　こうした中、1832年2月に政府は王命救貧法委員会を設置した。委員会は議会外に超党派的組織として召集され、様々な利害や党利党略から離れる形で調査が行われた。スピーナムランド制度創立時の状況と比較しても格段の違いがあることが分かる。委員会は9人の委員で構成されたが、調査や起草の中心的な人物は、経済学者のシーニア（Nassau Senior 1790-1864）であった。節欲説を唱えた古典派経済学者であるシーニアは、農村から貧困者をなくすためには労働者の気持ちに自立と野心を植え付ける必要があると考えていた。「労働の移動を可能にして、彼らを自由労働市場の要請する独立労働者たらしめる」（樫原1981：141）ことを目的の一つとした。こうしたことから労働能力のある貧民に対する救済は厳格にするべきであるという考えを持っていた。そこから、救済に値する貧民とそうではない貧民を区別する「劣等処遇の原則」が生まれた。ちなみに労働能力を有する貧民に対し、道路の修繕に従事させる教区もあった。「1832年には少なくとも5万2,800名の貧民あるいは失業者が救貧道路事業に雇用され、救貧税から26万4,800ポンドの支出が行われた」（武藤1995：148）とある。これは、戦後の日本においても大量の失業者対策として行われた事業と同様であるといえる。

　2年間にわたる調査により1834年2月に調査報告書が提出され同年8月には国王の承認を得て「新救貧法」として成立した。同法はまず初めに当時不揃いであった行政の基礎単位である教区を連合させ、15,635あった教区を約600の教区連合に統合した。新救貧法で規定する組織としては中央に議会から独立した3人の委員による救貧法委員会を設置しその下に教区連合単位で選出された貧民救済委員会（Poor Law guardian）が置かれ各教区の監督官が従属する形態となった。

　新救貧法の内容としては、①全国均一処遇の原則（Principle of National

（14）利子または利潤というものは、今現在の消費の欲求を抑え貯蓄したことに対する報酬として得られるという考え方。

Uniformity)。②劣等処遇の原則（Principle of Less Eligibility）。③労役場制度（Workhouse System）。という3つの制度となる。①は、それまでの教区ごとにばらつきがあり非効率であった救済制度を是正し中央の救貧法委員会の管理監督のもと全国で統一された制度とするものである。②は、「働かざるもの食うべからず」という考え方からこの制度によって救済される水準は、最下級の自立している労働者より低い基準とするものである。「ワークハウスの状態は、これを選んだ人々の誰もが失望するぐらい厳格でなければならない。そしてこれを行おうとするワークハウスは、最低の賃金を受給する労働者（lowest-paid labourer）よりも悪い状態であるべき」（矢野2011：4）という徹底ぶりであった。③は、労働能力を持った貧民は在宅での救済を認めず、すべて労役場に収容されるべきという制度である。この考え方の背景には、スピーナムランド制度による在宅救済制度が、その受給者を怠惰にしてしまい結果として救貧税の負担増を招いた反省によるものであった。

　また、新救貧法の成立に大きな影響を与える考え方としてマルサス（Thomas Robert Malthus 1766-1834）の『人口論』があった。すなわち貧困は食糧の生産という生活資源を上回る人口の増加が問題であるため、貧困者に対する人為的な救済はかえって貧困に陥る人々を増加させるという原理である。

　『人口論』では「貧民は自然の饗宴にきてみても、自分のための空席がないことに気づく（中略）彼は生まれてくる前に、社会が彼をうけいれる気があるのかどうかを、あらかじめ、たずねなかったからである」（浜林2000：141）とあたかも貧しい労働者は過剰な人口に過ぎないという記述がある。こうした思想に対してエンゲルスは「プロレタリアートにたいするブルジョアジーのもっとも露骨な宣戦布告は、マルサスの人口論とそこから生まれた新救貧法である」（浜林2000：140）と真正面から批判している。

　さらに、稼働能力のある貧民を労役場へ収容する仕組みに対して批判の声が高まるようになってきた。図1-2は当時の労役場の実態を批判するパン

第1章 公的扶助制度の形成と福祉国家体制における位置づけ

図1-2 労役場を批判するパンフレット

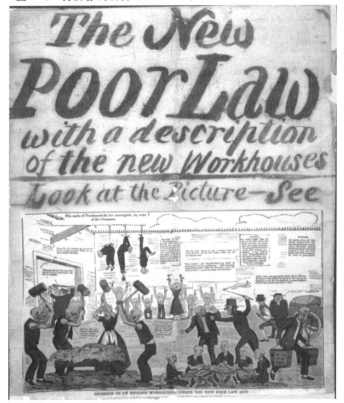

出典：イギリス国立公文書館 HP

フレットである。

これ以外にもチャールズ・ディケンズ（Charles John Huffam Dickens, 1812-1870）(15)による『オリバー・ツイスト』(16)では新救貧法下の労役場での劣悪な処遇に対する痛烈な批判を展開している。

---

(15) イギリスの小説家である。主に都市貧困層の人々を擁護する弱者救済の視点で社会を諷刺した作品を発表した。
(16) ディケンズ代表作の一つ。孤児であるオリバーが様々な困難に立ち向かう長編小説。当時の貧困対策制度がよく分かる。

19

こうしたことから、都市部の教区では戸外救済を一部認める動きもみられた。「理由の一部は人道性とか良識によることと費用の問題であった。労役場への収容は家庭の崩壊を意味した。また一旦収容されると失業者は容易に別の職業を見出すことはできず、品性の堕落を惹起する場合多かった。それに比べ、戸外救済はそういう面の心配はあまりなく、かつ費用は比較的低廉で納税者の負担をむしろ軽くするものであった」（樫原1981：172）というのが主な理由であった。1871年になると労役場に収容されている貧民が156,430人であるのに対し880,930人が戸外救済としての処遇がなされていた。[17]

　1886年にはチャールズ・ブース（Charles Booth 1840-1916）によるロンドンでの貧困調査が行われ、1899年にはシーボーム・ラウントリー（Benjamin Seebohm Rowntree：1871-1954）によるヨーク市での大規模な貧困世帯の調査が行われた。詳しくは後述するが、これらの調査によりヨーク市全世帯の3割が貧困状態であることが判明し貧困に陥る原因は決して個人的な責任だけではなく、失業・低賃金など社会構造上必然的に発生する問題であると考えられるようになった。

　このような背景から1890年以降、政策転換が図られ1905年には新救貧法とは別に失業労働者法が施行された。さらに政府は同年「救貧法及び失業救済に関する勅命委員会」を設置した。4年間に及ぶ調査の結果は、多数派と少数派という2つの報告として提出された。両報告とも「劣等処遇」の否定や老齢年金、職業紹介、失業保険、教育年限の延長等においては一致していたが貧困者支援の処遇に関しては意見が異なった。

　多数派の報告は、「救貧法」から「公的扶助」（public assistance）に名称は変えるものの従来の延長線上での改正にとどめるべきであると主張した。その背景には貧困に陥る原因は社会にあるのではなく個人の精神的なものであるという考え方があった。貧困者に対して専門的に指導を行う機関として救貧法の存続を認め各地域に「民間援助委員会」（voluntary aid commit-

---

(17) Sidney and Beatrice Webb (1929: 440). *There were, in 1871 only 156, 430 persons in the Workhouses, with no fewer than 880, 930 on Outdoor Relief.*

第1章　公的扶助制度の形成と福祉国家体制における位置づけ

tee）を設置し私的な慈善活動によって救済しきれない貧困者のみを「公的扶助」の対象とする仕組みであった。

　一方、ウェッブ（Beatrice Webb 1858-1943）を中心とした少数派の報告としては、貧困の原因は、失業や低賃金、疾病、高齢化等、社会的な問題に起因するため、そうした問題の解決を図るための新たな行政サービスを充実しナショナル・ミニマム（国家としての最低限の保障）を達成するべきであると主張した。専門的な行政サービスは貧困に陥る原因に直接働きかけ、いわば「予防的」に機能する効果が期待できるとし、従前の救貧法ではその機能を担えないため解体されなければならないとしている。

　ウェッブによる「ナショナル・ミニマム」という発想はその後の各国における福祉国家構想に大きな影響を与えた。また、貧困対策に予防という概念を持ち込み、それまでの対症療法的な救貧対策から「防貧」のための施策という観点により、公的病院、失業対策事業、公的教育制度等の予防の組織（framework of prevention）の重要性を訴えた。

　そして、政府としてはこの2つの報告を受けたもののどちらか一方を採用することはせず、従来の新救貧法を一部改正するにとどまり法外の施策を新たに打ち出す方針を取った。具体的には「学校給食法」（1906）、「児童法」、「無拠出老齢年金法」（1908）、「職業紹介法」、「住宅・都市計画法」（1909）、「国民保険法」（1911）等、周辺の法制度を充実させていった。さらに1929年に起きた世界恐慌に対応するため、それまでの失業保険制度を改め1934年に新たな失業法を制定した。この制度によって、労働能力のある者は、失業法の対象となり、新救貧法は労働能力のない者に限定して適用されるようになった。

　ちなみにこうした現象は、第1節でも触れた日本における「救護法」（1929年制定）が時代の変化に取り残され他制度に分散されていく状態とまったく同じといってよい。日本においては、その後、分散した諸制度を束ねる形で旧生活保護法の制定へと繋がっていく。

21

6　ベヴァリッジ報告による社会保障制度の確立

　イギリス政府は第二次世界大戦下にもかかわらず社会保障各分野の再建を促すため1941年5月、ベヴァリッジ（William Henry Beveridge 1879-1963）を委員長とする「社会保険及び関連サービスに関する関係各省委員会」を設置した。同委員会は1942年に「社会保険および関連サービス」（Social Insurance and Allied Services）と題して政府に勧告した。それまでの社会保障のあり方は理念の域を脱していなかったが、この報告書はそれを具体的な計画としており戦後イギリス社会保障の土台となるものであった。委員長の名を取って「ベヴァリッジ報告」と呼ばれている。内容としては、イギリス社会の再建を阻む要因を「窮乏（Want）」、「疾病（Disease）」、「無知（Ignorance）」、「不潔（Squalor）」、「怠惰（Idleness）」の「5巨人悪」とこれに対応する政策が必要であるとしている。戦争が終結するとベヴァリッジ報告に基づき「家族手当法」、「国民（産業災害）保険法」（1945）、「国民保険法」、「国民保健サービス法」（1946）、「児童法」、「国民扶助法」（1948）と次々と法律が制定された。「国民保健サービス法」は国民が原則無料で医療サービスを受けることができる制度である。「国民保険法」は国民が老齢年金と失業保険を受け取るができ、まさに「ゆりかごから墓場まで」の福祉国家体制が確立する。また、公的扶助に関しては「国民扶助法」の成立によって350年近く続いた救貧法は解体された。「国民扶助法」は扶助対象を原則、全国民としているが、別の法律の対象となる16歳以下の児童やフルタイム労働者とその家族、ストライキ中の労働者本人は対象外とされた。一定額の貯蓄や扶助申請者が所有する家屋は資産としてみなさない措置が取られた。ちなみに給付水準としては第2章で触れるラウントリーによる「絶対的貧困基準」を算定の基礎としている。

　こうした制度が整備されていったが1950年代後半から貧困状態であるにもかかわらず国民扶助を受けない高齢者が多数発生するという事態が生じた。原因の一つに公的扶助を受けることへのスティグマや制度に対する誤解があることが分かった。そのため政府は、1966年に名称を「補足給付」に改定す

第1章　公的扶助制度の形成と福祉国家体制における位置づけ

るとともに年金手帳と国民扶助手帳を一旦廃止し新しい手帳として一本化することで貧困層が金融機関等において扶助受給者であることを分からないようにするなどスティグマの軽減を図った。

　申請方法についても郵便局に申請の用紙を備え、住所氏名等を記入し投函することで手続きが可能となるよう受給し易くした。余談になるが、筆者が2010年3月イギリスを訪問した際、ロンドン北部にあるハイゲートという町の郵便局で公的扶助（public asistance）の申請書があるかどうか尋ねてみた。日本でいう特定郵便局クラスの規模であったが、窓口の担当者曰くこの郵便局に申請書はないが、隣の駅にあるジョブセンター・プラスに行けば手続きができると言い、親切に連絡先のメモまで渡してくれた。明らかに東洋人と分かる筆者に対し、さほど驚く様子もなくむしろ自然に教えてくれた。さらに周りにいた利用客からも決して奇異な目で見られることはなかった。イギリスにおける公的扶助に対するスティグマの低さを垣間見る瞬間であった。ちなみに日本においてしばしばスティグマとされる問題として、医療機関の窓口等で生活保護受給世帯は、健康保険証の代わりに保護受給証明書の提示や医療券を提出することから周りの利用者に保護受給者であることが知られてしまう場合がある。また、保護受給世帯の児童が修学旅行等に出かける際、健康保険証の変わりに生活保護受給証明書を持たされることで、他の児童に受給世帯であることが判明するケースもある。このように公的扶助受給に対する劣等的な感覚は、突き詰めると本来保護が必要である人に対し「受給の抑制」という感情の方向に向かわしてしまう可能性があることから改善するべき課題の一つであると考える。

7　サッチャリズムと福祉国家再編

　イギリスは第二次大戦後、社会民主主義に基づいた「ゆりかごから墓場まで」と称される高度な福祉国家体制を築いた。しかし、イギリスを取り巻く状況はインドをはじめアフリカの旧植民地が次々と独立しイギリス連邦下のカナダやオーストラリアはアメリカとの結びつきを強くしていくなどイギ

23

リスの世界での優位性は低下し経済成長も下がった。1967年には大幅なポンドの切り下げが行われ1973年の石油ショックが国民生活の圧迫に拍車をかけた。このように経済が停滞する中、国内に於いては国民が高福祉に依存することでさらに低成長に陥る状態が続いた。このような社会現象は病理的な比喩を用いて「英国病」と呼ばれるほどであった。

　こうした中、1979年の総選挙では保守党が勝利を収めマーガレット・サッチャーが首相に就いた。サッチャーはこれまでの手厚い社会保障制度を転換し、「大きな政府」から「小さな政府」への転換を図った。経済政策としては競争を重視する市場原理主義を推進し、国有企業の民営化、金融政策によるインフレの抑制や規制緩和、労働組合の弱体化を実施した。そして1980年代には失業給付・補足給付、年金等の社会保障給付水準の削減を進めた。こうした、いわゆる「サッチャリズム」によってイギリス経済の再生は果たしたものの、様々社会問題も沸き起こった。「イギリスではサッチャー政権の市場主義改革によって多くの企業が再生を果たし、経済は活性化した。しかし、副作用として貧富の差が拡大し、失業率は増加、公的な医療や教育の荒廃を招いた」（ギデンズ 2010：70）という見方があり、さらに「イギリスの改革は、『ヨーロッパの病人』と言われた状態が長く続いた後に行われた。サッチャー政権によって実践されたその改革は、公共のサービスに共感を示さず、福祉国家を概して非効率的とみなすものだった」（ギデンズ 2010：173）という意見もある。「鉄の女（Iron Lady）」という異名をもつサッチャーであったが、その評価は現在においても二分されている。右派からは財政赤字解消のため強硬な政治手腕を発揮したことに対して評価されているが、福祉切り捨てや、大企業優先の政策による失業者の増加等については批判が大きい。本書においては立ち入った論評は避けるが、当時のイギリス国内では批判的意見が増え、さらには人頭税の導入議論によってサッチャーは退陣へと追い込まれて行くことになる。

8 ブレアによる「第三の道」政策

　サッチャー首相退陣後メージャー内閣を経て、18年続いた保守党政権は1997年にブレア率いる労働党政権に交代する。ブレアはサッチャー内閣の路線を踏襲しつつ行きすぎた福祉削減を是正する政策を行った。政策手法としては、労働党の社会民主主義路線という福祉国家体制と保守党の基本路線である新自由主義における市場原理主義を部分的に取り入れるという「第三の道」路線を進めた。特に貧富の差を是正する上で障害となっていた若年失業者や長期失業者対策に力を入れた。これはニューディール政策と呼ばれ「職業訓練・就業促進を目的とするものであり、当初は若年失業者や長期失業者を対象に開始され、その後、対象者を障害者、一人親、失業者の無収入の配偶者及び高齢者へと順次拡大しながら、人々の職業能力と就労可能性の向上を図って」[18]行くことになった。

　福祉に依存する傾向を改め「福祉から就労（ウェルフェアからワークフェア）」という方向へ転換し社会保障を受給するためには就労を義務付けるようにした。具体的には、職業紹介機関である「ジョブセンター・プラス」において求職者手当を支給する一方、様々なカウンセリングを行い継続的に就労の支援を行っている。

　この制度は、失業した人をセーフティネットで救うだけでなく再び労働市場へと戻すことから「トランポリン型福祉」といわれている。この取り組みは大変重要であると考える。なぜなら、日本の生活保護制度のように単なる金銭給付だけでは、利用者は少なからず就労への意欲も薄れ結果としてモラルハザードを起こす危険性が高いからである。このようなことを回避するため、厚生労働省はこの制度を日本においても導入しようと試みている。

　「パーソナル・サポート・サービス」として同様の制度を2010年9月からモデル実施している。主なサービス内容としては、各自治体に「求職者総合支援センター」を設置し、離職者に対し生活、住宅、職業訓練、雇用等の相談にパーソナルサポーターがマンツーマンで対応する事業である。設置に係

---

(18) 国民生活白書（2003：第2章、第5節）。

る費用は、国の緊急雇用創出事業特例交付金により自治体が実施している。

9 イギリスと日本における違いについて

　イギリスにおける公的扶助（public assistance）の変遷を概観すると、現在の日本における貧困問題と重なる部分が浮き彫りになることがわかった。貧困者支援の法律といっても長い年月を経て、様々な改正を加え完成されてきている。国の貧民対策の考え方も罰するだけではなく対象者を選別することや費用負担の問題、そして国がすべての支援を行うのではなく、国民の中から選んだ人間に面倒を見させる。また、施設に入れたり、住んでいるところでそのまま救済する手法を試みるなど、まさに試行錯誤の連続であった。

　時代背景や宗教観、国の体制等が違うことから単純な比較は困難であるが、両国におけるその後の歴史を見ても明らかに色濃く反映されている相違点は、イギリスにおいては「働き得る貧困者」すなわち労働能力を持った貧困者に対しては、徹底して就労を強制させてきた。さらに、貧困者救済は国が一定程度責任を持つという考え方である。他方、日本の公的扶助においては、そもそも「働き得る貧困者」については、救済の対象から除外をしてきた歴史があり、さらに貧困者救済は、扶養親族や地域の人間関係による救済を優先してきた。こうして見ると、日本において「働き得る貧困者」に対する考え方は、イギリスとは大きく異なり徹底した自己責任論により自ら解決の方策を選択させるようにしている。

　貧困者救済政策では進んでいるイギリスの制度を研究し日本の現状に沿った形で展開することが求められている。日本が進むべき方向としてアンソニー・ギデンズは「イギリスは、自由市場主義と福祉国家主義の両者をかなり純粋な形態で経験してきたといえる。またそれゆえに両者の深刻な弊害をも実際に体験してきたのである」と述べ、「日本は資本主義経済と議会制民主主義の歴史においては後発国であるが、それゆえに西欧諸国の過去一世紀の経験に学び、彼らと同じ轍を踏むことを避けることができる」（ギデンズ2010：まえがき3-4）と示唆している。日本はこうした優位性を十分に活かし特

第1章 公的扶助制度の形成と福祉国家体制における位置づけ

に貧困者支援については、早急に手を打つ必要があると考えられる。

第3節 福祉国家再編過程における福祉制度の位置づけ

1 福祉国家について
(1) 福祉国家とは

かつての「国家」のイメージといえば、自国の領土を拡大することや他国からの侵略に対する防御を担う「軍事国家」であるとともに、国内の治安維持のため法に則り権力を用いて国民を抑圧する機関という印象であった。ラッサール[19]は、自由主義国家は富裕層の財産の番人にすぎず、あたかも夜中のガードマンにすぎないという「夜警国家」論を説き必要最小限の国防と治安維持しかしない国家を批判した。

これに対し「福祉国家」を最初に唱えたのが、1928年にスウェーデンの社会大臣グスタフ・メッレル（Gustav Möller）である。選挙のパンフレットで「国家は単に夜警国家であるだけでなく、福祉国家でなければならない」と述べている。その後1941年にイギリスの大主教ウィリアム・テンプルが『市民と聖職者』のなかで「福祉国家」に言及している（新川：166）。また、第二次大戦中にはイギリスが、アメリカ、フランスを含む連合国側を「福祉国家（Welfare State）」、ドイツ、日本、イタリア等の枢軸国側を「戦争国家」（Warfare State）と主張した。

福祉国家の萌芽としては、1929年、アメリカに端を発した世界大恐慌対策におけるフランクリン・ルーズヴェルト大統領によるニューディール政策といわれている。1935年に制定された「社会保障法」は、老齢者や障害者への公的扶助、失業保険、老齢年金保険、母子保健サービス等の社会福祉事業全体に及ぶ国家主導による福祉サービスであった。

イギリスにおいては、第2節で述べたように、1934年に新たな失業法を制

---

(19) Ferdinand Lassalle（1825-1864）ドイツの政治学者、社会主義者、労働運動指導者。1862年に著した『労働者綱領』の中で、当時の国家を「夜警国家」と説き批判した。

定し労働能力のある者は、失業法の対象となり、労働能力のない者は新救貧法が適用されるようになった。

このように福祉国家とは、政府が租税や社会保険等によって積極的に国民に対して社会保障サービスを提供する制度を体系化している国家といえる。戦後の自由主義圏において、資本主義体制を維持したまま、失業や賃金格差を是正し、貧富の差を拡大させないようにするため完全雇用の実現と経済の安定成長そして所得の再分配を行うことで国民の福祉を増進しようとした。こうして、OECD加盟国のほとんどすべての国で「福祉国家」は拡大していった。しかしながら、各国の国民においては、社会保障制度が広く国民全体に行き届いている北欧諸国とアメリカのように社会保障のコストを中間層が多く負担し、受給できるのは一部の国民だけとなっている場合では、「福祉国家」に対する受け止め方も大きく異なる。

（２）福祉国家の成立期

福祉国家は、1920年代から30年代における資本主義体制の国々が経験した、大量の失業と貧困を、内外からの社会主義勢力の圧力を回避しながら解決するために成立した国家体制といえる。いち早く着手したのがイギリスであり、第2節でも触れたとおり、社会保障各分野の再建を促すため1941年5月、ベヴァリッジ（William Henry Beveridge 1879-1963）を委員長とする「社会保険及び関連サービスに関する関係各省委員会」を設置した。同委員会は1942年に「社会保険および関連サービス」（Social Insurance and Allied Services）と題して政府に勧告している。

戦争が終結するとベヴァリッジ報告に基づき「家族手当法」、「国民（産業災害）保険法」（1945）、「国民保険法」、「国民保健サービス法」（1946）、「児童法」、「国民扶助法」（1948）と次々と法律が制定された。「国民保健サービス法」は国民が原則無料で医療サービスを受けることができる制度である。「国民保険法」は国民が老齢年金と失業保険を受け取るができ、まさに「ゆりかごから墓場まで」の福祉国家体制が確立する。また、公的扶助に関しては「国民扶助法」の成立によって350年近く続いた救貧法は解体された。

第 1 章　公的扶助制度の形成と福祉国家体制における位置づけ

　このベヴァリッジ報告の影響は、戦後の資本主義体制の国々に広く拡大していった。また、この時期ケインズ（John Maynard Keynes 1883-1946）は、世界恐慌による大量失業の発生は、社会全体の有効需要が不足していることが原因であると分析し、民間における投資が少ない社会状況下では、政府による公共支出を増やすことが重要であると主張した。政府支出が呼び水となり民間の投資や消費者の購買活動も活発になると、失業者も減少するという「有効需要論」を中心としたマクロ経済学を打ち立て国民の所得を増加させる政策を行った。

　このように、ベヴァリッジによって社会保障が具現化されケインズによって完全雇用と失業対策が実現されるというケインズ・ベヴァリッジ体制は「ケインズ主義的福祉国家」または、「福祉資本主義」ともよばれた。

（3）福祉国家の発展期

　前述のとおり第二次大戦後の先進諸国では、特にヨーロッパにおいて社会保障制度が充実し「福祉国家体制」が構築されていった。イギリスではベヴァリッジ報告に基づきさまざまな制度が制定された。自己責任の考え方が根強く社会に浸透しているアメリカにおいても福祉国家化は進展し1965年には連邦政府が管轄し高齢者や障害者向けの公的医療保険制度としてメディケア（Medicare）及び民間の医療保険に加入できない低所得者に対して用意された公的医療制度であるメディケイド（Medicaid）が創設された。

　1950年代から70年代初めにかけて、先進国では自由貿易体制の下、発展途上国からの低廉な一次産品が、先進国の経済成長を支えることになり、その富は各種所得保障や社会サービスとして再分配され、それをいかに充実していくかが先進国の政治的課題となった。この時代、各国では順調な経済成長を背景に完全雇用の実現や社会サービスの充実が図られた。「福祉国家の黄金時代」といわれる時期である。社会保障にかかる政府支出もOECD 19カ国平均で1960年は13.4％だったが1975年には23.9％に増加している。失業率についても「1959年から67年という時期で見ると、平均失業率はイギリス1.8％、西ドイツ1.2％、フランス0.7％」（広井1999：8）という低失業率状態

であった。

　ベヴァリッジは失業率が3％を下回っていれば完全雇用の状態と定義していることから、「黄金時代」の雇用情勢は完全雇用を達成していたことになる。ちなみに外務省が公表している各国の主要経済指標によれば、2013年1月の失業率は、イギリス7.8％、ドイツ5.4％、フランス10.7％となっており「黄金時代」の失業率がいかに低かったかが分かる。

　この時期の社会保障の特徴は、労働能力を失って生活困窮に陥った人々の救済に限らず、全国民に最低限度の生活を保障するナショナルミニマムの実現を経て、障害者や高齢者、男女の分け隔てなく共に生きるというノーマライゼーションの理念を求める国も現れるようになった。その結果、多くの労働者層も中間レベルの生活スタイルを享受し階級間闘争も緩和された。

（4）福祉国家の危機及び再編期

　1973年及び1979年の二度にわたるオイルショックで原油価格は高騰し、社会経済活動のエネルギーを中東地域に依存してきた先進国に打撃を与えることになった。高度経済成長から低成長の時代を迎えるなか、それまでの「福祉国家体制」にも批判の矛先が向かった。こうして1980年代は、「福祉国家の危機」と呼ばれる時期に入り、先進各国では、福祉国家の再編を余儀なくされ、さまざまな対応がなされるようになった。

　イギリスやアメリカにおいては、公的な社会保障サービスが低所得者層を対象としていたことから、その財源負担を担う中間層から福祉国家は非効率で競争力を低下させる制度であるとの批判が強まった。こうした動きは、新自由主義勢力の拡大と相まって1979年イギリスのサッチャー政権によるサッチャリズム、1981年アメリカのレーガン大統領によるレーガノミックスに代表される「小さな政府」を標榜する国家体制へと繋がっていく。これらの政権は規制緩和による市場活性化や国有企業の民営化、福祉予算の削減を柱とする政策を推し進めた。

　一方、ノルウェーやデンマークでも福祉国家の解体を標榜する新自由主義政党が出現したが、国民からの継続した支持は得られなかった。しかし、失

第1章　公的扶助制度の形成と福祉国家体制における位置づけ

業率が深刻化してくるとこうした勢力は、福祉国家の維持は認めつつ福祉政策から移民や外国人を排斥するよう訴えはじめた。「福祉排外主義」と呼ばれる右翼勢力の台頭である。反移民政策、反多民族国家、非白人移民の国外追放を掲げるデンマーク国民党やノルウェーにおける進歩党が該当し議会においてもデンマーク国民党は与党に閣外協力する立場でキャスティングボードを握り、進歩党においては野党第一党の勢力を持っている。

このように、先進国における福祉国家再編の動きは、形態は異なれども、福祉の黄金期に拡大した福祉政策を見直すことを余儀なくされた。そして国によっては、その弊害も多岐にわたりイギリスでは、社会保障給付の削減が断行された結果、失業者の増加、所得格差の拡大、医療サービスやさまざまな公的サービスの低下がもたらされた。

アメリカにおいても、AFDC[20]の見直しや前述のメディケアのサービス変更による給付削減策が行われた。「アメリカの福祉国家は経費の伸び率を抑制され、相対的には縮小を余儀なくされたと言わざるを得ない。そのため貧困率は1978〜1984年に上昇し、AFDC受給者も1975〜1984年に1,140万人から1,060万人へと減少した」（新井：192）とあるとおり福祉国家見直しの結果、貧困率は上昇したものの扶助制度利用者は削減されたといえる。

他方、福祉国家の危機という局面でも、さほど見直しや後退は起きなかったという研究もある。エスピン・アンデルセンは福祉国家の行き詰まりや後退が起きる原因と、その振れ幅が国によって違うことについて「福祉国家反動の運動、納税者の反乱、福祉国家の揺れ戻しは、社会的支出の負担が重すぎるときに起きるということである。逆説的なことに真実はその逆なのである。過去数十年間の反福祉感情は、一般的にいって福祉支出が最も多い国において最も弱かった。そして支出が少ない国において強かったのである」（岡沢、宮本：36）と述べその理由としては、福祉国家反動が起きる原因は、その国の福祉予算の多寡によるのではなく中間階級志向を持つ層の割合によ

---

[20] Aid to Families with Dependent Children 被扶養児童のいる家庭への扶養制度。

ると説明している。すなわち北欧諸国のような社会民主主義的な国やドイツのような保守主義の国では多くの中間階級層が福祉国家に対するロイヤリティを持つようになり反福祉運動はそれほど拡大しない。一方、アメリカやカナダ、そしてイギリスもそうなりつつある残余主義的な福祉国家では福祉予算に対して影響力のある国民は少数派であるため削減幅は拡大するという主張である。

　また、ポール・ピアソンによれば、ロックイン効果によって福祉国家は不可逆性の状態になると説いている。これは、「いったん福祉国家が確立すると、福祉政策の展開にともなってその国の制度や政治に政策フィードバックと呼ばれる作用が現れ、福祉国家をめぐる政治のあり方そのものを変えていく（中略）それは、ある政策を通して制度が定着することによって、その制度に関連したアクター（行為主体）のネットワークが生まれ、同時に他の政策を採用することのコストが高くつく」（新川：206）としている。また「すでに存在する政策自体もつ制約と、政策の結果形成された受益者層からの抵抗が主要な障害となって、政策変化は相当程度まで抑制される」（西岡：289）と一度施行された政策を覆すことは相当な困難が伴うことがわかる。

　現実にレーガノミックスにおける福祉切り捨てでも、社会保障年金や軍人恩給、退役軍人障害給付など7つの社会保障サービスについては制度ごとに強力な利益団体がいることから削減の対象から除外をしていた。さらにピアソンは歳出予算ベースで福祉国家の後退はなかったと主張している。「英国及びアメリカの社会支出をみる限りでは、1978年を100としたときの1992年の支出の大きさは、英国で142.7、アメリカで156.8と、全体で見れば支出の削減は進行していない」（厚生労働白書：11）[21]との指摘もある。

　ここまでのことを整理すると、福祉国家の危機によって、先進各国においては、福祉黄金期に拡大した社会保障サービスにかかる支出を、国民の意識

---

(21)「全体として社会保障支出が削減されていないとしても、その内実は失業保険給付の増大などで、実質的には福祉は後退していることも考えられるという指摘（スウェーデンの社会政策学者であるウォルター・コルピとジョアキム・パルメによるもの）もある」（厚生労働白書：11）。

第1章 公的扶助制度の形成と福祉国家体制における位置づけ

に沿うように組み換え、サービスの項目によっては手を触れず、有権者からの影響が少ないと思われる項目については大胆に削減するという再編の動きが加速したといえるのではないか。

2 福祉国家の類型について
(1) 比較福祉国家論

　福祉国家間における社会保障体制を比較する場合、政府による社会サービスの形態だけで論じるには限界がある。なぜなら福祉サービスの供給主体は政府だけではなく、企業活動等の「市場」や家族・地域といった「共同体」も重要な役割を担っているからである。

　こうした要素を踏まえて比較福祉国家論を飛躍的に発展させたのがエスピン・アンデルセン[22]による「福祉レジーム論」である。アンデルセンによれば、戦後の福祉レジームは大きく「自由主義的福祉レジーム」、「保守主義的福祉レジーム」、「社会民主主義的福祉レジーム」の3類型に分けられ、これらのレジームの相違を判断する指標として「脱商品化」及び「階層化」という側面から分析している。

　「脱商品化」とは、「個人ないし家族が市場参加の有無にかかわらず、社会的に一定水準生活を維持できることを意味し、具体的には年金や各種給付の所得代替率、受給要件（受給資格を得るために必要な拠出期間や雇用期間）等によって測定される」（宮本2005：150）指標を指す。また、エスピン・アンデルセンは「脱商品化」概念について「社会政策の効果として、個人（と家族）が市場に依存することなく所得を確保し消費できる、その程度を明示するのに役立つ。換言すれば、脱商品化は社会的権利の強さと関係がある」（岡沢、宮本：4）と説明している。

　すなわち、労働者が病気や失業等何らかの原因により収入を得る手段が閉

---

(22) Gøsta Esping-Andersen,（1947- ）デンマーク出身の社会学者・政治学者。専門は福祉国家論。*THE THREE WORLDS OF WELFARE CAPITALISM*（1990）で福祉レジーム論を唱えた。

ざされた場合でも各種の所得保障制度によって社会的な生活レベルを十分維持できる度合いを指標化したものが「脱商品化」といえる。

「階層化」とは、社会サービスを受ける場合、各人の所属する階層や職種に応じて給付内容に格差が生じていることを指標化したものである。たとえば国家公務員年金等への政府支出が高い場合などは、階層化が高いといえる。エスピン・アンデルセンは国家主義的パターナリズムの特徴の一つとして、「公務員に対して過剰とも言える福祉を提供する伝統であり、オーストリア、ドイツ、フランスといった国々に見られる。その意図は、適切な忠誠心や従順な態度に対して報酬あるいは保証を与える点にあったと言えよう。しかし同時に、社会政策のイニシアティブによって階級構造を形づくろうとする深謀があったことも明白である」(岡沢、宮本：67)と述べている。

こうした、「脱商品化」及び「階層化」指標を基準に福祉レジーム体制を類型化すると、表1-1のようになる。

表1-1　福祉レジーム類型の特徴

レジーム	脱商品化	階層化
自由主義	低い	高い
保守主義	高い	高い
社会民主主義	高い	低い

出典：(新川：188) 一部加工

「自由主義的福祉レジーム」とは、アメリカ、カナダ、オーストラリアの国々に代表されるレジームである。「小さな政府」観や「自己責任」の考え方に基づくリスク管理、市場主義の考え方などが社会の根底にある体制である。自由主義レジームの国では、「結果の平等」より「機会の平等」が重視され公的扶助といった無拠出の社会福祉サービスは、厳密なミーンズテストを課せられ、必要最小限の人々にのみ給付される。「脱商品化」指標は他のレジーム諸国と比較して最も低くなる。それに対応し国民の社会保障負担費も少なくなる。医療保険や年金等については、民間企業が用意する商品に加入する割合が高く国民の自助努力に頼る部分が大きくなる。これは、「階層

第1章　公的扶助制度の形成と福祉国家体制における位置づけ

化」指標も高いことを意味する。労働市場も市場主義が徹底されており、失業期間は比較的短くなるものの、景気変動によって失業率も大きく動く。このようにアメリカをはじめとするアングロサクソン諸国では、「自由主義勢力が主導し、社会保障を最低限保障のセーフティネットとする福祉国家形成」（宮本2005：6）が目指された。換言すれば租税負担の軽減を目指し雇用の拡大を図る政策がとられるため、所得の平等が犠牲となる社会システムといえる。

　「保守主義的福祉レジーム」に属するのは、ドイツ、フランス、イタリア等の大陸ヨーロッパ諸国があげられる。各企業単位の福利厚生やそれらを束ねた職域組合による福祉サービスに政府からの最低保障を組み合わせた社会保障体制が特徴的である。社会保障は補完性の原理[23]をとっており、あくまでも家族を中心とする血縁関係やコーポラティズム[24]によるリスクの共同負担が根底にある体制となる。

　労働者に対する福祉は労働組合の力が及ぶ範囲において高度に守られている。そのため正規雇用者と非正規雇用者の社会的分断が生じる面もある。就労に付随する福利厚生が一般化しておりその結果、雇用の流動性を阻害する一因ともなっている。このように、保守主義的福祉レジームでの社会保障は、職業ごとの社会保険制度を基本にしており、職業的地位による格差が生じていることから「階層化」指標は高くなっている。また、社会経済状況をよりよくするためには国家権力を支持する「国家主義」の考え方やキリスト教民主主義の中のカトリックを中心とする保守主義勢力が、社会民主主義勢力と競いながら福祉国家を形成した経緯から結果として高い水準の所得保障を実

---

(23)「家族、地域社会、国、国際機関といった階層構造を重視し、上位の組織は下位の組織の円滑な活動を保障すると同時に、そこで実現できない機能のみを遂行していくという考え方。カトリックの社会観に見られ、そのためキリスト教民主主義の影響力の強い福祉国家の保守主義モデルにこの考え方がうかがえる」（新川：202）。

(24) その国の政治経済における政労使の協調体制で、政府と労働組合及び経営者団体の頂上団体が有機的な連携を図り相互の協調を重視する体制。

現しており「脱商品化」指標も高くなっている。

　しかしながら伝統的な家族観が強くさまざまな所得補償も男性稼得者を中心に設計されており女性は男性の扶養家族の一員である限りにおいてその恩恵が享受できる仕組みになっている。そして、給付の内容としては、退職後の高齢者向けの現金給付制度が多い。雇用保護が強い法制度となっており、その結果、労働市場に対する政府支出は少なくなっており失業率も高い傾向にある。いわゆる「消極的労働市場政策」[25]がとられる国々といえる。

　このように保守主義レジーム諸国では「キリスト教民主主義勢力などが主導し、男性稼得者を対象とした社会保険原理に基づく福祉国家」(宮本2005：5-6) を築いてきたといえる。

　「社会民主主義的福祉レジーム」とは、スウェーデン、デンマーク、ノルウェーの北欧の国々に代表される体制である。社会保障サービスを受ける権利は、所得の多寡によらず誰でも平等にその権利を有するという普遍主義の原理を貫いている。所得保障が必要になった時の政府からの支給は手厚く「脱商品化」レベルは他のレジームと比較して最も高い指標となっている。リスク回避の社会化が徹底されておりカバーされる範囲も広く現金給付に限らず、さまざまな現物給付メニューが用意されているのが特徴的である。中間層と労働者層の間に格差が生じることを認めない風潮が根強いことから「階層化」レベルは最も低い指標を示している。しかしながら、高水準の社会保障サービスを維持するため負担の水準も他のレジーム諸国より高いものとなる。雇用政策としては「積極的労働市場政策」をとっており職業紹介や職業訓練に力を入れ労働力の需給ギャップを埋めることで失業率を改善し結果として社会保障費を低く抑えている。

　また、スウェーデンでは、低成長分野に属する余剰労働力を高成長分野に移転させる政策を積極的に行っている。これによって、斜陽産業には救済の

---

(25) 失業者に対して失業保険等の給付を行うなど最小限度の対応する政策。これに対し職業訓練や職業斡旋を通じて失業者の雇用可能性を拡大する政策を積極的労働市場政策という。

第1章　公的扶助制度の形成と福祉国家体制における位置づけ

手が行き届かず存続することが困難となり淘汰され、政府による成長分野への研究開発投資政策によって新たな雇用が生じやすくなる。このことも失業率低下の大きな要因となっている。

「Esping-Andersen は、完全雇用を維持することがスウェーデンなどのソーシャルデモクラティック・タイプの重要な存立基盤であることを強調している。つまり、大部分の人が働いており、社会的な移転によって暮らすものが可能なかぎり少ない場合に収入所得の最大化と社会の諸問題の最小化がはかられ、その結果、福祉システムの維持にかかる巨大なコストがまかなわれることになる」(埋橋1997：192) とエスピン・アンデルセンは北欧モデルを分析している。

このレジームは日本でも理想的な福祉国家観としてしばしば紹介されているが、人口規模や高福祉・高負担をどのように捉えるかの議論はなされていないのが現状である。ちなみに表1-2のとおり2009年の国民負担率の比較では、日本が38.3%であるのに対しスウェーデンでは62.5%と1.63倍以上の高負担になっていることがわかる。

社会民主主義レジームは「労働運動自らが主導して政府の役割を拡大した普遍主義的な福祉政策を展開し、併せてジェンダーバイアス(賃金格差や雇用差別)の縮小も追求した」(宮本2005：5) 体制といえる。

表1-2　2009年度　国民負担率の比較

負担項目	日　本	スウェーデン
社会保障負担率	16.2%	12.4%
資産課税等	3.9%	7.3%
消費課税	7.1%	19.4%
法人所得課税	3.6%	4.3%
個人所得課税	7.5%	19.2%
国民負担率	38.3%	62.5%

出典：財務省「わが国税制・財政の現状全般に関する資料(平成24年10月末現在)」一部加工

（2）エスピン・アンデルセン以前の福祉国家研究

1980年代後半から世界的に福祉国家の比較研究が活発となり、多くの研究がなされるようになった。その中でもエスピン・アンデルセンによる「福祉レジーム論」は、比較福祉国家研究を飛躍的に発展させた。

なお、それ以前の有力な福祉国家研究としては、H.ウィレンスキー[26]に代表される、「収斂理論」があげられる。この理論は、各国とも産業が発展し経済成長が拡大していけば、福祉サービスも自ずと充実し、どの国も福祉国家に収斂されて行くという考え方である。ウィレンスキーは、64カ国にわたる国々のGDPに対する社会保障支出を分析しているが、それらが高い国を福祉先進国、低い国を福祉後進国と位置づけるにとどまっている。

さらに、福祉国家の発展をもたらす要因としてその国の経済水準をあげているが、埋橋は「こうした研究からはいくつかの異なった結論が導かれており、コンセンサスが得られているわけではない」（埋橋1997：153）と述べている。なぜなら、経済水準の向上に伴う福祉国家の発展の度合いは各国によって一様ではなく社会保障体制は収斂されなかったからである。

こうしたことから、結論として「Esping-Andersenの類型論は、明確で独創的な方法論を背景にして、三つのタイプの福祉国家レジームが存在することを明らかにした。彼は、『福祉先進国―福祉後進国』という分類や経済成長とともに各国は収斂していくというリニアな世界観に代えて、原理を異にする複数の福祉国家タイプが併存するという、タイポロジーの世界をあざやかに描きだしたのである」（埋橋1997：164）とあるようにエスピン・アンデルセンの分類基準は多元的・立体的であり現在では戦後の国際社会における福祉国家を説明する枠組みとして最も適切なものであるといえる。

（3）福祉レジーム論に対する批判

エスピン・アンデルセンによる比較福祉国家論は「脱商品化」及び「階層化」という指標を用いて先進各国の社会保障体制をクラスター化したが、いくつかの明白な批判が寄せられているのも事実である。

---

(26) Harold L. Wilensky（1923-2011）アメリカの政治学者。

第1章　公的扶助制度の形成と福祉国家体制における位置づけ

　一つ目は、エスピン・アンデルセンの類型論にはジェンダーの視点が考慮されていないという指摘である。これは、分析指標の「脱商品化」は男性労働者をイメージした概念であり、エスピン・アンデルセンの考えでは、市場から離脱した労働力（＝商品）が社会保障でカバーできるかが問題であった。しかしこれが、「女性」の立場から見るとまったく異なった様相を呈する。すなわちアンペイドワークに代表される家庭内の女性労働からの解放を訴えている立場からはむしろ労働力の「商品化」の議論の方が重要な意味を持つからである。

　これについては、エスピン・アンデルセンも『福祉資本主義の三つの世界』日本語版の序文で「本書を英語で出版して以降、多くの批判を受けてきた。最も手厳しかったのは、（本書があまりにもジェンダーについて無知であるとする）フェミニストからのもの」と述べている。こうした批判を受け、エスピン・アンデルセンは、「脱家族化」という指標をあらたに設定している。これは「人々が家族的あるいは婚姻的相互関係から独立に経済的資源を活用できる程度」（新川：188）を指標化したもので、女性の無償労働を可視化し高齢者介護、保育等からの解放度合いを数値化している。

　次の指摘としては、エスピン・アンデルセンが比較対象の国としたのは、OECD加盟国の先進国に限られており、日本以外の東アジアの国々は対象から除外されていた。そして福祉レジームを「自由主義」、「保守主義」、「社会民主主義」の3つに限定したことも多くの批判を集める結果となった。「エスピン・アンデルセンの3つの類型に必ずしも収まりきらない、言い換えれば、『座りの悪い』国が存在する。オーストラリアやスイス、オランダ、そして日本などである」（埋橋2011：5）とある。しかし、「脱商品化」、「階層化」という主に2つだけの指標を持って類型化している以上、ある程度、レジームの枠からはみ出すことはやむを得ないことではないかと考える。エスピン・アンデルセンは想定したレジームに当てはまらない国々については、自由主義レジームと保守主義レジームの混合型という表現で説明をしている。

(4) 分類の必要性と効果

　比較福祉国家の類型研究は、今日、エスピン・アンデルセンによってある程度の確立をみている。また、それが完全に各国の福祉レジームを説明できるわけではないことも認識できた。こうした類型論は、一定のトレンドを分析するうえで有益である。今後の社会保障制度をデザインするうえで、その国の文化や政治体制、家族観等を考慮して組み立てることができれば、実効性も高まることが予想される。それは逆に諸外国の先進的な取り組みをそのまま別の国に持ち込んでも効果がでないことを意味している。たとえば、北欧型の高福祉・高負担の社会保障サービスが一見、理想的なシステムにみえることがあるが、その背景には、社会民主主義の政治体制、強力な労働組合、コーポラティズムの社会、低成長産業分野の淘汰等、実現するためにはさまざまな要素が必要となってくる。ちなみにこれらの要素は、今の日本には、すべてがあてはまらないのではないか。マスメディアで報道される手厚い社会サービスだけで北欧型の社会保障体制の是非を論じることはできないはずである。

　埋橋は、比較福祉国家研究について①特定先進国の制度・事例の移植・導入の段階、②多国間比較や類型論を通しての―いわばそれを「鏡」に見立てての―、自国の特徴位置づけを明示的に明らかにするという「自省」(reflection) の段階、③再度、今後の進路に関する政策論の展開に寄与する段階（規範論－政策論－動態論の交叉）という3つの段階を経て政策論議に発展することが大切であるとしている（埋橋2011：19）。

　こうした点を踏まえ、本書では現行の公的扶助制度の課題を洗い出し諸外国の成功事例を参考にしつつ日本においての導入の可否を検討したうえで第5章において提言したい。

(5) 3類型に当てはまらない日本型福祉

　エスピン・アンデルセンの類型論に当てはめた場合、日本は3類型のどこに該当するのか。表1-3の脱商品化スコアでは、ちょうど中位に位置している。階層化スコアでは、自由主義スコアが一番高くなっている。こうみる

第1章　公的扶助制度の形成と福祉国家体制における位置づけ

表1-3　各国における「脱商品化」及び「脱階層化」スコア

	脱商品化スコア（1980年）	階層化属性の累積集計スコア（1980年）		
		保守主義	自由主義	社会主義
オーストラリア	13.0	0	10	4
アメリカ	13.8	0	12	0
ニュージーランド	17.1	2	2	4
カナダ	22.0	2	12	4
アイルランド	23.3	4	2	2
イギリス	24.1	0	6	4
イタリア	24.1	8	6	0
日本	27.1	4	10	2
フランス	27.5	8	8	2
ドイツ	27.7	8	6	4
フィンランド	29.2	6	4	6
スイス	29.8	0	12	4
オーストリア	31.1	8	4	2
ベルギー	32.4	8	4	4
オランダ	32.4	4	8	6
デンマーク	38.1	2	6	8
ノルウェー	38.3	4	0	8
スウェーデン	39.1	0	0	8

出典：（岡沢、宮本：57、82）一部加工

と表1-1の類型では、どこのレジームにも該当しないことになる。

　このことについてエスピン・アンデルセンは、日本型福祉国家を3つのレジームのどれかに当てはめるのは難しいと述べている。「日本型福祉国家を詳細に検討すればするほど、日本の福祉システムが自由主義-残余主義モデルと保守主義との独特な合成型として定義される『第4のレジーム』を示しているという結論に至らざるを得ないのであろうか」（岡沢、宮本：13）と第4のレジームの可能性を示唆しているが、前述の日本語版では「日本型福祉国家の定義にかんする最終的な判定にはもうしばらく猶予が必要であるというのが、現在のところ可能な唯一の結論である」（岡沢、宮本：14）と締めくくっており明確な判定は避けている。

3 現代福祉国家におけるワークフェアの潮流と課題
(1) アメリカにおけるワークフェア

　戦後、先進諸国においてはさまざま形態をとりながら福祉国家体制が進展し、所得の再分配という仕組みで国民全体の生活を保障するシステムが構築された。二度にわたるオイルショックや世界的な不況、市場主義に基づくグローバル化の潮流によって各国とも国内における所得の格差は拡大をみせている。

　各国とも低経済成長によって税収が伸び悩む中、拡大した福祉サービスの縮小に向けて動き出すようになった。そして1980年代以降は新自由主義の台頭によって福祉国家批判が激しくなってきた。「ベヴァリッジ・プラン以来の現金給付を中心とする社会保障制度は、政府支出を増大させただけでなく、自立心を促すどころか、却って福祉への依存を強めることになった」(宮本2005：165)とあるとおり、福祉依存者に対する風当たりが強くなった。

　特にアメリカの公的扶助改革は最も劇的であった。1996年に「個人責任・就業機会調整法」が成立し、1935年に制定された「社会保障法」以来の公的扶助制度である AFDC を廃止した。そして関連制度も含め TANF に再編した[27]。その概要は、扶助受給期間を5年に限定し、受給開始2年後からは就業を義務づけた。2002年までに被保護者数の半数を就業させようとする制度改革であり、まさに個人責任重視への政策の大転換といえる(坂田1999：1)。当時のクリントン大統領は、「The End of Welfare as We Know It.(私たちが知っている福祉は終わりにしよう)」というスローガンのもと改革を断行した。

　こうした政策の動きをウェルフェアからワークフェアへの転換と呼んでいる。ワークフェアとは「福祉の目的を就労の拡大におき、同時に福祉の受給条件として就労を求める考え方」(新川：211)を指しそれまでの給付中心のサービスから雇用志向の福祉サービスへの転換を意味している。「福祉国家の依拠するべき原理は、単純な平等観念ではなく、勤労規範を組み入れた公

---

[27] Temporary Assistance to Needy Families：貧困家庭一時扶助。

正観念に求められた」(宮本2002：74)とあるとおり、ワークフェア導入に至った経緯としては、肥大化する社会保障支出の抑制と給付サービスの担い手である納税者に配慮した結果であると考えられる。

(2) イギリスにおける職業訓練モデル

　イギリスにおけるワークフェアの流れは、第2節で述べたとおり、1997年にブレア率いる労働党政権による「第三の道」路線によって進展した。貧富の差を是正する上で障害となっていた若年失業者や長期失業者対策に力を入れた。これはニューディール政策と呼ばれ職業訓練・就業促進を目的とするものであり、当初は若年失業者や長期失業者を対象に開始された。福祉に依存する傾向を改め「福祉から就労(ウェルフェアからワークフェア)」という方向へ転換し社会保障を受給するためには就労を義務付けるようにした。具体的には、職業紹介機関である「ジョブセンター・プラス」において求職者手当を支給する一方、様々なカウンセリングを行い継続的に就労の支援を行っている。

　この制度は、失業した人をセーフティネットで救うだけでなく再び労働市場へと戻すことから「トランポリン型福祉」と呼ばれている。1998年にニューディール政策が実施されてから2002年までの実績として、若年失業者向けの対策に参加した人数は約91万人に上り、その中から約41万人が就職した。

　こうしたワークフェアの流れが先進国で加速しているが、上記のアメリカにおけるワークフェアは就労をある程度強制していることから「労働市場拘束モデル」と呼ばれている。他方、イギリスのように職業訓練等によって就労を支援する手法は「人的資源開発モデル」といえる(新川：214)。

　「ワークフェアということばは、ウェルフェアをもじった用語であり、正式な定義があるわけではないが、国の社会保障への依存をできるだけ減らし、働くことによる自助・自立を促進する方向を含意している」(埋橋1997：191)と説明しているとおり、福祉国家再編時における低所得者対策の世界の潮流はワークフェアによって進められている。

　「欧米で現在進行中のワークフェアへの動きは手放しで評価されるもので

はない。しかも、世界的に雇用の弾力化が進行中であり、働き口があってもそれは、賃金が低く、不安定なパートタイム労働である可能性が高い。現在、ワークフェアのとりくみは世界各国でみられるが、それがどのような成果と問題を生むかについて速断できる段階にはない」(埋橋1997：192)とある。こういった推測のとおり、新自由主義に基づくグローバル化に対応するため企業が人件費の削減を進めた結果、日本においても非正規雇用の形態が大きな社会問題となっている。総務省統計局の調査では、2013年1～3月期平均で、全雇用者5,154万人のうち非正規雇用者は1,870万人となっている。36.3％の雇用者が非正規雇用となっている。現職の雇用形態の理由では「正規の職員・従業員の仕事がないから」という回答が最も多かった。さらに、2011年に連合がワーキングプアに関して行った調査では、日本では年収200万円以下の労働者が1000万人を超え、しかもその数は急増しているという結果であった。

　ワークフェアの思想は、仕事の質までは考慮してない。「とりあえず就労すれば良い」という考え方を改め、ディーセントワーク[28]の普及と社会保険を含めた賃金の新しい基準を検討する時期に来ているのではないだろうか。

(3) 日本における自立支援施策

　日本におけるワークフェアの取り組みとしては、生活保護受給者に対する「自立支援プログラム」が該当する。これは、2004年に、社会保障審議会福祉部会生活保護の在り方に関する専門委員会で報告されたものを具体化したプログラムである。報告書では「被保護世帯が抱える様々な問題に的確に対処し、これを解決するための『多様な対応』、保護の長期化を防ぎ、被保護世帯の自立を容易にするための『早期の対応』、担当職員個人の経験や努力に依存せず、効率的で一貫した組織的取組みを推進するための『システム的な対応』の3点」について福祉事務所が「自立支援プログラム」を策定し問題解決にあたるとしている。被保護者の状況や自立阻害要因を類型化し、そ

---

(28) Decent work：働きがいのある人間らしい仕事の意味。1999年にILO総会において21世紀のILOの目標として提案され支持された。

表2-1　地域別の貧困者人口

1日1ドル以下で生活する人口（100万人）

地　　域	1987年	1990年	1993年	1996年	1998年
東アジアと太平洋諸国	417.5	452.4	431.9	265.1	278.3
ヨーロッパと中央アジア	1.1	7.1	18.3	23.8	24.0
ラテンアメリカとカリブ諸国	63.7	73.8	70.8	76.0	78.2
中東と北アフリカ	9.3	5.7	5.0	5.0	5.5
南アジア	474.4	495.1	505.1	531.7	522.0
サハラ以南のアフリカ	217.2	242.3	273.3	289.0	290.9
合　　計	1,183.2	1,276.4	1,304.4	1,190.6	1,198.9

出典：（世界銀行：42）より筆者作成

が1億数千万人も増加している。

　富裕国での乳幼児の死亡率は100人に1人以下の割合であるが、最貧困国では、5人に1人に達している。栄養失調状態に置かれている子どもの比率は、先進国では5％以下であるのに対し貧困国では50％に達している。

　また、一国に限らず複数の国でグループ化される一定の地域内においても少数民族や女性が不当な扱いを受けることで生活水準が低くなる場合がある。ラテンアメリカにおける先住民の就学率は非先住民の75％に満たず、南アジアの国の女性は、男性の約半分の年数しか教育を受けられない状況にある。

　このように、国や地域レベルで貧困を比較する場合、国民一人当たりの金銭消費レベルを基軸通貨である米ドルという貨幣価値に変換し購買力平価の観点からその多寡を測る尺度としており、そのレベルが少ないためにさまざまな不都合な状態を強いられている状況を貧困状態としている。

　また、健康や医療、保健衛生については、乳幼児の死亡率や栄養状態を比較対象としており、教育面では初等教育等の就学率で比べようとしている。

　こうした貧困状態の比較は、明確に理解しやすく、数字的にもストレートに伝わってくる尺度といえる。なおかつ、貧困削減の目標を立てやすく改善の程度も時系列で比較することが容易である。具体的には、国際連合や世界銀行、IMFをはじめとする国際機関が、貧困と格差の解消に取り組んでお

　モルディブの各国を含む地域。

第2章　都市貧困層の形成分析

第1節　貧困概念の整理

1　貧困とは

　貧困とはどういう状態を指すのか。困窮している状況は個人によって千差万別であり、捉え方も主観的要素が強い。一般的には、住む家がなく、食糧が乏しく、満足に着る物がない。そして、病気を患っていても適切な医療を受けられない状態などが考えられる。

　一方、いわゆる"清貧"思想のように、貧しくとも私欲を捨てて、質素な生活を心がけるべきという考え方もある。本書においては、個人的な貧困感による差異は尊重しつつ、統一的、客観的な貧困基準を設定し、それに基づいて考察を進めていきたい。

（1）世界銀行による貧困基準

　はじめに、先進国と開発途上国といったように国ごとに貧困の度合いを比較する方法を考えたい。世界銀行は、富裕国と貧困国との不平等を対比して報告している（世界銀行2002：5）。世界の人口約60億人（当時）のうち約28億人の人々が1日2（US）ドル以下の所得で生活をしている。そのうち**表2－1**のとおり約12億人が1日1ドル以下の生活を余儀なくされている。

　裕福な20カ国と最貧困の20カ国の国民の平均所得を比較すると37倍の開きがあり、過去40年間でこの格差は拡大している。また、**図2－1**のとおり地域別に見ると貧困が解消された地域と深刻化している地域があり東アジアでは1日1ドル以下の生活を送っている人々が1987年は、約4億2000万人であったが、1998年には2億8000万人に減少している。それに対し、サハラ砂漠より南側のアフリカ地域や南アジア、ラテンアメリカでは同基準の貧困者数[29]

---

(29) インド、スリランカ、ネパール、パキスタン、バングラデシュ、ブータン、

第 1 章　公的扶助制度の形成と福祉国家体制における位置づけ

れに対応する自立支援の具体的な内容と手順を定める方法がとられる。

　なお、自立の概念も就労による「経済的自立」、すなわち生活保護からの脱却のみに限定せず、精神障害者が長期入院から地域で生活を送ることができるように支援する「日常生活自立」、高齢者の閉じこもりを防止し、社会的なつながりを回復し地域社会の一員として自立する「社会生活自立」と幅広く捉えているのが特徴的である。

　「経済的自立」を目指すとされるプログラムでは、各福祉事務所でハローワークの OB 等を非常勤職員として雇い入れ生活保護のケースワーカーと連携してその対応にあたっている。しかしながら、ケースワーカーの業務量の多さから「自立支援プログラム」は策定したものの実効性が伴っていないという報告も多くある。さらに、生活保護に至る被保護者はそもそも高齢者や傷病者が多く、経済的自立に結びつく被保護者は少ないという実態もある。そして、被保護者の側でも、就労によって得た収入は、生活保護法上、収入申告しなければならず一定の控除はあるものの生活保護費がその分減額されてしまう。これでは、就労に対するインセンティブも起こりにくい。こうした課題も踏まえ、自立支援プログラムを推進するためには、ケースワーカーの増員や就労インセンティブの向上に向けた法制度の改正も視野に入れることが望ましいと考える。

図2-1　貧困が減少している地域と減少しない地域

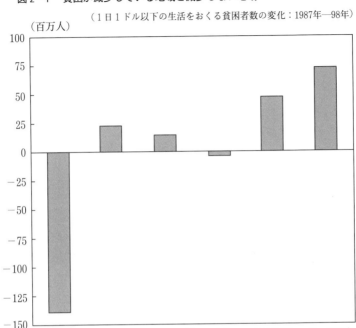

（1日1ドル以下の生活をおくる貧困者数の変化：1987年—98年）

出典：（世界銀行：6）

り、①2015年までに、1日の生活費が1ドル以下の人口を半減させる。②2015年までに、全世界で初等教育を普及させる。③2015年までに5歳以下の乳幼児死亡率を3分の2削減する等（世界銀行2002：10）という具合に貧困を起因とする様々な弊害を削減する指標を示している。これらを達成するためには、「先進諸国や国際組織の行動が重要である。貧困者は自らの生活を左右するほどの力をもたない。開発途上国は自国の力だけでは経済を安定させたり、保健や農業に関する研究を大きく進歩させ、あるいは貿易の機会を拡大させることはできない。国際的なコミュニティによる行動と開発の協同作用が引き続き重要な役割を果たすだろう」（世界銀行2002：13）と国際社会による全面的な支援が不可欠であるとしている。

(2) 国連開発計画 (UNDP) による貧困測定指数

世界銀行は主に経済成長による貧困の削減を示しているが、UNDP は、人間開発指数 (HDI：Human Development Index) という指標で1990年から国レベルの貧困を測定している。これは、一国の豊かさを所得だけではなく国民の平均余命や教育レベル (成人識字率、総就学率) を基に算出した指数である。同機関では、①長寿で健康な生活、②知識へのアクセス、③人間らしい生活の水準という3つの基本的な側面に着目しており、便宜上この3分野の達成度の平均値を0から1の数値で表し"1"に近いほど望ましい状態であるとしている (国連開発計画2010：9)。1980年から2010年までの10年ごとの国別リストは表2-2のとおりである。

しかしながら HDI は「国単位の平均値に依存する結果、分布の歪みが見えなくなってしまう。人間の自由を測る定量的な指標がない」(国連開発計画2010：2) とその欠点を指摘している。「人間の自由を測る」とは、国内における社会階層の固定化や職業選択の自由度を測る指標としての「機会の平等」のことであると考えられるが、HDI 自体は継続して測定していくことで、その国の状態が改善したのかどうかを判断する重要な指標になり得ると考えられる。HDI を共同で開発したアマルティア・セン[30]は、「予想どおり、HDI は公的な議論の場で広く用いられるようになったが、GNP と同様のおおざっぱさはついて回った (中略) HDI は GNP 同様のシンプルな指標だが、GNP と違って、所得と物価以外の要素も考慮に入れることに成功した」(国連開発計画2010：4) と述べている。このように所得だけでは国の成長度合いや個人の幸福度を測定することはできないという考え方からこの指数は算出されている。

さらに UNDP は、貧困問題に対して一歩踏み込んだ形で多次元貧困指数 (MPI：Multidimensional Poverty Index) を示している。この指数はオックスフォード大学が UNDP の支援を受けて開発した指数で、HDI よりも

---

(30) Amartya Sen, (1933-) インドの経済学者。アジア初のノーベル経済学賞受賞者。

第2章 都市貧困層の形成分析

表2-2 人間開発指数

Human Development Index

VERY HIGH HUMMAN DEVELOPMENT					LOW HUMMAN DEVELOPMENT				
HDI Rank	Country	1980	1990	2000	2010	HDI Rank	Country	1980	1990	2000	2010

HDI Rank	Country	1980	1990	2000	2010	HDI Rank	Country	1980	1990	2000	2010
1	Norway	0.788	0.838	0.906	0.938	128	Kenya	0.404	0.437	0.424	0.47
2	Australia	0.791	0.819	0.914	0.937	129	Bangladesh	0.259	0.313	0.39	0.469
3	New Zealand	0.786	0.813	0.865	0.907	130	Ghana	0.363	0.399	0.431	0.467
4	United States	0.81	0.857	0.893	0.902	131	Cameroon	0.354	0.418	0.415	0.46
5	Ireland	0.72	0.768	0.855	0.895	132	Myanmar	··	··	··	0.451
6	Liechtenstein	··	··	··	0.891	133	Yemen	··	··	0.358	0.439
7	Netherlands	0.779	0.822	0.868	0.89	134	Benin	0.264	0.305	0.386	0.435
8	Canada	0.789	0.845	0.867	0.888	135	Madagascar	··	··	0.399	0.435
9	Sweden	0.773	0.804	0.889	0.885	136	Mauritania	··	0.337	0.39	0.433
10	Germany	··	0.782	··	0.885	137	Papua New Guinea	0.295	0.349	··	0.431
11	Japan	0.768	0.814	0.855	0.884	138	Nepal	0.21	0.316	0.375	0.428
12	Korea(Republic of)	0.616	0.725	0.815	0.877	139	Togo	0.347	0.361	0.399	0.428
13	Switzerland	0.8	0.824	0.859	0.874	140	Comoros	··	··	··	0.428
14	France	0.711	0.766	0.834	0.872	141	Lesotho	0.397	0.451	0.423	0.427
15	Israel	0.748	0.788	0.842	0.872	142	Nigeria	··	··	··	0.423
16	Finland	0.745	0.782	0.825	0.871	143	Uganda	··	0.281	0.35	0.422
17	Iceland	0.747	0.792	0.849	0.869	144	Senegal	0.291	0.331	0.36	0.411
18	Belgium	0.743	0.797	0.863	0.867	145	Haiti	··	··	··	0.404
19	Denmark	0.77	0.797	0.842	0.866	146	Angola	··	··	0.349	0.403
20	Spain	0.68	0.729	0.828	0.863	147	Djibouti	··	··	··	0.402
21	Hong Kong, China(SAR)	0.693	0.774	0.8	0.862	148	Tanzania	··	0.329	0.332	0.398
22	Greece	0.707	0.753	0.784	0.855	149	Côte d'Ivoire	0.35	0.36	0.379	0.397
23	Italy	0.703	0.764	0.825	0.854	150	Zambia	0.382	0.423	0.345	0.395
24	Luxembourg	0.719	0.784	0.845	0.852	151	Gambia	··	··	0.343	0.39
25	Austria	0.727	0.777	0.826	0.851	152	Rwanda	0.249	0.215	0.277	0.385
26	United Kingdom	0.737	0.77	0.823	0.849	153	Malawi	0.258	0.289	0.344	0.385
27	Singapore	··	··	··	0.846	154	Sudan	0.25	0.282	0.336	0.379
28	Czech Republic	··	··	0.801	0.841	155	Afghanistan	··	··	··	0.349
29	Slovenia	··	··	0.78	0.828	156	Guinea	··	··	··	0.34
30	Andorra	··	··	··	0.824	157	Ethiopia	··	··	0.25	0.328
31	Slovakia	··	··	0.764	0.818	158	Sierra Leone	0.229	0.23	0.236	0.317
32	United Arab Emirates	0.627	0.693	0.756	0.815	159	Central African Republic	0.265	0.293	0.299	0.315
33	Malta	0.683	0.735	0.783	0.815	160	Mali	0.165	0.187	0.245	0.309
34	Estonia	··	··	0.762	0.812	161	Burkina Faso	··	··	··	0.305
35	Cyprus	0.662	0.723	0.768	0.81	162	Liberia	0.295	··	0.294	0.3
36	Hungary	0.689	0.692	0.767	0.805	163	Chad	··	··	0.269	0.295
37	Brunei Darussalam	··	0.773	0.792	0.805	164	Guinea-Bissau	··	··	··	0.289
38	Qatar	··	··	0.764	0.803	165	Mozambique	0.195	0.178	0.224	0.284
39	Bahrain	0.615	0.694	0.765	0.801	166	Burundi	0.181	0.236	0.223	0.282
40	Portugal	0.625	0.694	0.774	0.795	167	Niger	0.166	0.18	0.212	0.261
41	Poland	··	0.683	0.753	0.795	168	Congo	0.267	0.261	0.201	0.239
42	Barbados	··	··	··	0.788	169	Zimbabwe	0.241	0.284	0.232	0.14

出典：UNDP「Human Development Report 2010」(157-160) より筆者作成　一部加工

図2-2　多次元貧困指数10の指標

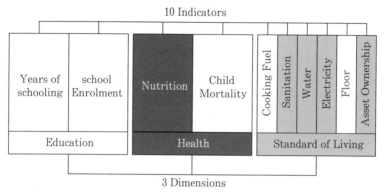

出典：Oxford Poverty & Human Development Initiative　HP.

数値評価を改良した指数である。「この指数は、地域別、民族別などのカテゴリー別に、あるいは貧困形態別に数値を算出できるので、政府の政策立案のための有益な手立てになりうる」(国連開発計画2010：19)とされている。図2-2のとおり「MPIは10の指標に基づいて算出され、3つ以上の指標が満たされていない世帯は貧困である」と判断される(国連開発計画東京事務所2010：3)。なお、UNDPの報告によれば、MPI指標調査対象の104カ国で暮らす人々のうち3分の1にあたる17億5千万人が深刻な貧困状態であることが判明した。世界で最もMPIが高い地域はサハラ以南のアフリカであった。

　UNDPによる貧困基準についても世界銀行の指標と同じく相対的貧困状態の比較が明白で、貧困改善への取り組み目標も立てやすい。

　このように世界レベルで貧困基準を論じる場合、国や地域単位で大きく括りマクロな視点で格差を判別する必要がある。しかしながら、こうした見方は、あたかも人工衛星から地球を見下ろすような議論に傾きやすい。そして、世界銀行、UNDP等の指標はあくまでも国際機関を中心とした先進国からの一方的な見方であり、当事者国の国民の意見がどこまで汲み取られているかはわからないともいえる。

（3）紛争等による難民の貧困について

次に世界レベルで貧困問題を考える一つの観点として、紛争による難民や自然災害、飢饉等による避難民の貧困について考える必要がある。ここでは、難民支援に取り組んでいる国際機関の活動を通じて貧困基準を考察したい。

はじめに、難民の定義であるが、1951年の「難民の地位に関する条約」では、「人種や宗教、国籍、政治的意見または特定の社会集団に属するなどの理由で、自国にいると迫害を受けるかあるいは迫害を受ける恐れがあるために他国に逃れ、その本国の保護を受けることができない、あるいはそのような恐怖を有するためにその本国の保護を受けることを望まない者」とされている。また近年では、国境を超えることなく自国内で留まる「国内避難民」も増加している。

世界各地にいる難民の保護と支援を行なう国際機関として、UNHCR（国連難民高等弁務官事務所）が設置されている。同機関は、難民を国際的に保護する活動を行っており、難民キャンプ等において食糧と栄養の確保に取り組んでいる。配給される物資の一例として[31]、小麦粉（450g）、トウモロコシの粉（450g）、レンズ豆（50g）、えんどう豆の挽き割り（50g）、レタス（100g）等となっている。1日一人あたり1,900キロカロリーを目安に配給が行われている。UNHCRの報告では難民の約8割が女性と子どもとなっており、この数値を厚生労働省が発表している「日本人の食事摂取基準」（厚生労働省2010年版）と比較すると、18～29歳の女性で「ふつうの身体活動」[32]を行う場合の推定エネルギー必要量としては、1,950キロカロリー、6～7歳の男児で1,550キロカロリー（女児は1,450キロカロリー）と示されており、難民に配給される食糧を一人の人間が一日に必要とするエネルギー量で見る限り先進国とほぼ同レベルと言ってよい。しかしながら、UNHCRの報告では、食糧が充分にあったとしても配給体制の不備から、すべての難民に公

---

(31) 国連難民高等弁務官事務所HP。
(32) 座位中心の仕事だが、職場内での移動や立位での作業・接客等、あるいは通勤・買物・家事、軽いスポーツ等のいずれかを含む場合。

平に食べ物が行き届かない場合も多くある。さらには、汚水処理が間に合わず感染症の発生に伴う衛生問題や医療の不足等の問題があることから、単純に摂取カロリーだけで貧困状態を判断することはできない。

　このことについては、非営利で国際的な民間医療・人道援助活動をしているMSF（国境なき医師団）の報告からも伺える[33]。ひとたび紛争や内戦が勃発すると、多くの人々が住む家や生活を維持するための手段を失い食糧などの不足や医療が供給されず、健康状態にも深刻な影響が及ぶ。住民が直接、攻撃や略奪にさらされる場合には、死者や負傷者が続出し、さらには犠牲者の心理状態は著しく傷つけられる。また、難民キャンプにたどり着いたとしても、人口が過密なキャンプでは、衛生環境が著しく悪化しコレラ等の感染症に対しても脆弱な状態におかれることになる。特に、子どもたちがその犠牲になりやすい。

　こうした点から見てみると、ほとんどの難民は劣悪な環境での生活を余儀なくされており、紛争や自然災害等が避難する原因となっていることを考えると、難民の心理状態は現状への恐怖にとどまらず将来に対する精神的な不安は単なる貧困基準という尺度では測り得ないと考える。あえていうならば、世界各地で発生している難民の状況は生命の危険という観点からも貧困度は最も高いといえるのではないか。

（4）一国における貧困の現状

　経済成長が著しい国であっても、すべての国民がその恩恵に与るとは言えず一部の層に富が集中し、大多数の人々は劣悪な生活環境に置かれている現状もある。また、先進国と呼ばれる国においても新自由主義に基づく市場経済の行き過ぎや経済政策の失敗に起因する格差の進行により貧富の差が生じている場合もある。

　一国内における所得の不平等程度を測る指標としてジニ係数がある。これは国内における所得の分布が平等になるほど"0"に近づき、不平等になるほど"1"に近づく指標である。2011年に総務省が各国のジニ係数の推移を

---

(33) 国境なき医師団HP。

図2-3 等価可処分所得のジニ係数の国際比較

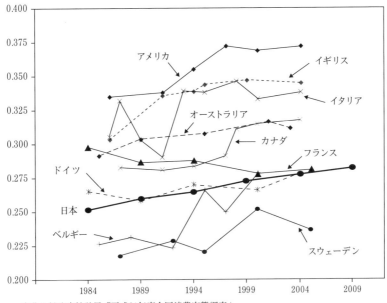

出典：総務省統計局「平成21年度全国消費実態調査」

公表（図2-3）しているが、日本においては1984年以降一貫して数値が上昇していることから、確実に格差社会は進んでいるということがいえる。

また、1990年代に入ってからのアメリカの数値は際立って上昇していることがわかる。その傾向は近年においても続いており、米国勢調査局の報告によれば、2010年のアメリカの貧困人口が4,618万人となり貧困率は15.1％で過去最高の水準になった。ちなみにアメリカでは、夫婦と子ども2人の4人家族で、年収が2万2113ドル以下の世帯を貧困世帯と定義している。こうしたことを背景に2011年9月には、ニューヨークマンハッタンのウォールストリートにおいて若者を中心とする失業者等が経済界や政府に対し格差是正を呼び掛ける大規模なデモを起こしている。

アメリカはGDP世界第1位であり、国単位の総合的な経済指標でみれば

---

(34) The United States Census Bureau (2011)。

最大の付加価値を生み出している。しかしながら国内の状況を所得という面から捉えると国民全体が裕福であるとはいえない。

次に、2010年度に日本を抜きGDP世界第2位になった中国のジニ係数について触れたい。中国網（チャイナネット）の報道(35)によれば、中国・国務院直属の通信社である新華社の研究員が中国におけるジニ係数は2009年に0.5を上回ったという報告をした。ちなみにジニ係数が0.5を超えると、富が一部の層に過度に集中し、社会の安定が危険になるといわれている。さらに、別な報告として世界銀行と北京師範大学の調査でも、1982年には0.3だったジニ係数が2002年には0.454まで上昇しているという。中国においては1978年の改革開放以降、市場経済に移行したことで急激に経済成長を成し遂げているが、貧富の差もそれに比例して拡大していることがわかる。他方、中国経営網の報道(36)では、貧富の差は否定できない事実であるが、多くの農民は出稼ぎ等で得た収入を正しく申告していないことから、国内のジニ係数の統計値が過大評価されているとしており、さらにジニ係数自体は、産業構造が単純な国の指標であり中国のように大きな国で、地域の状況が極めて複雑な場合は適用できないと反論している。ジニ係数の持つ所得分配の不平等性を測定する信憑性については、経済学の議論に譲るとして、筆者が2010年8月に中国を訪問した際の率直な印象は、北京中心部においても貧富の差は顕著でドイツ製の高級車が颯爽と走り抜ける同じ道路で襤褸を身に纏い古びた自転車でリヤカーを引く多くの労働者の姿が見られた(37)。また、北京市の北西に位置し北京大学や清華大学が立地する海淀区のある地域においても、開発が進む街並みと隣接するように違法建築の家が立ち並ぶ出稼ぎ労働者のための居住区域があった。

このようにGDPが世界で第1位、第2位といっても国内の貧困問題は決

---

(35) 中国網日本語版（チャイナネット）　2010年6月30日。
(36) 中国経営網　2011年3月9日。
(37) 2011年4月24日AFP通信によれば、中国では黒塗りのアウディA6が成功者や権力者の象徴とされている。もともとは政府公用車として使われていたが、その後企業経営者も次々に購入するようになった。

して看過できない状況にある。よって国単位の貧困基準は、あくまでも相対的な目安となる指標にすぎず貧困測定の基準としては用いられないといってよいのではないだろうか。なぜなら貧困問題とは、国単位での問題ではなく、一人ひとりの個人の問題として捉える視点が大切だからである。

（5）時代による貧困感

次に、日本における時代に応じた貧困基準の捉え方について考えてみたい。日本に現存する最古の和歌集である万葉集の巻5に山上憶良の貧窮問答歌が収録されている。奈良時代の農民の悲惨な生活状態が後半部分に綴られている。

「竈には 火気ふき立てず 甑には 蜘蛛の巣懸きて 飯炊く 事も忘れて 鵺鳥の 呻吟ひ居るに いとのきて 短き物を 端截ると 云へるが如く 楚取る 里長が声は 寝屋戸まで 来立ち呼ばひぬ 斯くばかり 術無きものか 世間の道」

（通解）「竈には煙も立たず 甑にはくもの巣が張り 飯をたくことも忘れて ぬえ鳥みたいに うめいていると"いとのきて短きものを端切る"と世間でいうように 答杖を持った役人達の 俺達を責めに来た大声が ここの寝床まで聞こえる 世間の暮らしとはこんなにも どうしようもないものか」（高木1974：27-28）

山上憶良は、奈良時代の歌人であり702（大宝2）年には、第7次遣唐使船に同行している。帰国後は、社会的弱者について多くの歌を詠んでいる。高木市之助は「貧窮問答歌ぐらい文学論的にではなく歴史学的ないし思想的角度から採り上げられた実例は他に少ないと言えよう。これは本歌そのものがそれほど歴史学的ないし思想的考察に堪え得ることの証左である」（高木1974：10）と述べている。貧窮問答歌は、同時代の農民の悲惨な生活が伺える貴重な資料といえる。

第1章でも述べたが、日本の公的扶助の始まりは、701（大宝元）年に制定された「大宝律令」とされており、社会的弱者に対しては近親者がその扶養にあたり、支援するべき人がいない場合は地域で保護することが規定されていた。当時としては進歩的な制度といえるが、実際の農民の生活にどこま

で適用されていたかは疑問である。

　また、日本書紀には仁徳天皇[38]の逸話として、「民のかまど」という話がある。産経抄[39]で紹介されているが、天皇が高殿から外を見ると、かまどを炊く煙が見えなかったことから、「民は食事を作ることもできないのか」と嘆き3年間課役を免除するとともに、自らも贅沢を絶った。3年後再び高殿に立つと、こんどは多くの煙が見えたという。この逸話は天皇家に代々受け継がれているということである。日本の古墳時代の民衆の生活を知る上でのエピソードであるが、煮炊きする食糧も枯渇していた状況がよくわかる。

　ここであげた例は、ほんの一部に過ぎずこれだけで、時代における貧困感を論じることはできない。その上で一般的に、昔は皆が貧しかったから貧困は気にならなかったという意見があるが、貧窮問答歌や日本書紀にあるとおり、国全体が貧しいからといって、貧困は目立たなかったということはない。為政者によっては放置できない問題と認識したり、弱者救済の仕組みを制度化している。しかしながら、大宝律令という制度の中で貧困基準の設定をしたとしても、また、天皇が善政を行ったとしても国民の大多数が農林水産業に従事している時代では、気象条件や自然災害等によって生活レベルが大きく翻弄されていた。個人の努力や一国の取り組みだけでは解決できない状況は、前述の難民の問題と同様に貧困基準という尺度と支援の枠組みだけで論じることはできないといわざるを得ない。

（6）清貧思想について

　最後にいわゆる"清貧の思想"について考えたい。貧困問題を考えるときに必ずといってよいほど、"貧しくとも質素であればよいではないか"との反論がある。"清貧"の意味としては「貧乏だが、心が清らかで、行いが潔白であること。余分を求めず、貧乏に安んじていること。」（日本国語大辞典）とされている。バブル経済の終焉とともに日本人が失っていた身の丈にあった質素な生活を示唆した考え方であると思う。中野孝次は「貧しくとも清く

---

(38) 日本の第16代天皇。在位期間313年〜399年。
(39) 産経新聞2011年3月27日。

美しく生きる者を愛する気風は、つい先ごろまでわれわれの国において一般的でした」(中野1996：222-223)と述べている。しかしながら、質素とは何も無いということではない。必要以上に持たないということであろう。すなわち清貧と赤貧とは違う。「清貧とはたんなる貧乏ではない。それはみずからの思想と意志によって積極的に作りだした簡素な生の形態」(中野1996：165)と定義している。ここで"清貧の思想"を否定するつもりはまったくない。むしろ現代においては、持続可能な社会を築くための根底となる考え方として継承されている。強調したいことは、何らかの理由により最低限度の生活を維持できない人々に対して貧困基準として"清貧の思想"を押しつけることは間違っているということである。

(7) 本書における貧困の定義について

以上、貧困概念について記述してきたところであるが、ひとことで"貧困"といっても国レベルでの貧困や時代に応じての考え方、そして社会状況等によって様々な捉え方ができることがわかった。マクロレベルでは開発・厚生経済学で議論がなされているところであり個人への具体的な援助策については社会福祉学等で実践についての検討がされている。本書では、都市貧困層への行政による支援政策を考察することから、公共サービスとして取り組むべきあり方について、一定程度の基準を定めて記述を進めていきたいと考えている。この節のはじめで、一般的な貧困状態としてのイメージは衣食住に事欠くとともに必要な医療が受けられない状況と述べた。やはり最終的には、このイメージに戻ってくる。なお、この考え方の基となる記述が日本の三大随筆である徒然草にある。

「人の身に止むことを得ずして営むところ、第一に食ふ物、第二に着る物、第三に居る所なり。 人間の大事、この三つには過ぎず。餓ゑず、寒からず、風雨に冒されずして、閑かに過すを楽しびとす。ただし、人みな病あり。病に冒されぬれば、その愁へ忍び難し。医療を忘るべからず。薬を加へて四つの事、求め得ざるを貧しとす。この四つ欠けざるを富めりとす。この四つの外を求め営むを奢りとす。四つの事倹約ならば、誰の人か足らずとせん」

（徒然草 第123段）
　　（通解）「人の身でやむをえず用意するものは、第一に食べる物、第二に着る物、第三に住む所である。人として生きるうえで大事なことは、この三つには過ぎない。餓えず、寒くなく、風雨に冒されないで、心穏やかに暮らすのを楽しみとするのだ。ただし、人はみな病気がある。病に冒されれば、その苦しみは堪え難い。医療を忘れてはならない。薬を加えて四つの事を得られないのを貧しいという。この四つが欠けていないのを富んでいるという。この四つのほかの事を求めて蓄えようとするのを贅沢という。そして、四つの事に倹約であれば、どんな人が生きるのに不足を感じることがあるだろうか」(大伴2007：189-191)

　前述の"清貧の思想"とも通じるところもあるが、本書では、この「衣食住＋医」が欠ける状態をベースとして「主に経済的な欠乏及び人的資源のつながりの希薄によって、最低限度の生活水準を保つことができず、一個人及び世帯の努力ではその困窮状況が解決できない状態で、その状態が一時的または恒常的に続き、何らかの介入を加えなければ回復が見込めず、現状を維持することが困難であるとともに将来に向けて悪化が懸念される状態」を貧困状態と定義したい。"経済的な欠乏"とは生活を維持する上で必要となる金銭的な収入が滞っている状態である。"人的資源の希薄"は、様々な社会資源とアクセスする能力や手段を持たず孤立している状況である。そして、そのような状況が個人の努力ではどうしようもすることができず、行政やNPO等の支援を受けることで改善が可能となる状況を貧困状態として論述を進めていきたい。

第2節　絶対的貧困基準

1　ラウントリーによる「絶対的貧困基準」という考え方
（1）長沼弘毅による日本での紹介
　前節において貧困概念の整理を行った。本節においては、より具体的に貧困の基準について論じたい。
　人間が生存していく上での最低生活水準を、栄養学や生活科学に基づき必要最小限度の食糧と生活必需品等を算出根拠とする「絶対的貧困基準」とい

う考え方がある。これは、イギリスのシーボーム・ラウントリー（Benjamin Seebohm Rowntree：1871-1954）によって初めて設定された基準である。

調査結果は1901年にイギリスで *Poverty：A Study of Town Life* として出版されている。近年の世界各国における格差社会の影響からか2010年にアメリカの出版社で復刻版が出版された。日本においては1943（昭和18）年に長沼弘毅による翻訳本が「最低生活研究」として出版されている。訳者は1949（昭和24）年に大蔵事務次官（当時は大蔵次官）を務めた人物であったが、ラウントリーの原著を熟読し座右の書としていた。満州事変から太平洋戦争に至る間に世に送り出したとされている。長沼は戦時下という極限の状態で物心両面における「人間の生産力」をいかに発揮させるかという点に関心があったようである。さらに一歩進んで「最低」、「最少」という概念を「人間が、単なる動物的存在を保つに必要な物理的の底辺を意味すべきではなく」（長沼1943：3）と警告している。

そして、現実の「最低」「最少」を、如何にして打開し、如何にしてこれを向上させるかが大切であるとし、そのために「最低」「最少」の現実の姿を冷静・的確に認識することが求められており、ラウントリーの調査は多くの示唆を与える研究であると捉えている。日本においても「最低生活」に関する真摯な研究が今日強く要望されており、原著は第一級の参考書であると結論づけている。

長沼の翻訳本が発刊された当時、日本の公的扶助は、第1章で述べた「救護法」であった。この法律の適用対象者は、65歳以上の老衰者や13歳以下の者、障害者等と制限されていた。GHQの指令によって（旧）生活保護法が1946（昭和21）年に制定されているが、これも保護請求権を積極的には認めていなかった。1950（昭和25）年になってようやく保護請求権を認め、国はすべての国民に対し最低生活を保障した。長沼は現行生活保護法が制定される7年前に、GHQが要求した「最低生活」に関する公的扶助を示唆していたことになる。

(2) ラウントリーの人物像

ラウントリーは、1871年にイギリス北部のヨーク市で生まれた。Owen Collegeを卒業後、父の経営する製菓会社(40)の役員となる。会社経営の傍ら貧しい人々や恵まれない人々の援助を自らの使命と感じており社会学的な研究にも取り組んでいた。ラウントリーはロンドン東部のスラム地域の調査をしたチャールズ・ブース（Charles Booth：1840-1916）の「ロンドン市民の生活と労働（*The Life and Labour of the People of London*）」に刺激を受けてヨークにおける大規模な調査を行った。原著のイントロダクションでは、ブースの著書を評価しラウントリー自身もブースの採用した調査手法と類似の方法を適用したことを述べている。そして、調査の進行中に随時ブース本人及びその助手から適切な助言を得られたことに感謝している。

(3) ラウントリー調査の概要

調査を開始するに当たり、①ヨーク市民の「貧困」の幅と深さとを測る真の尺度を何に求めるか。②「貧困」とはどの程度まで収入の不足に基づくものであり、どの程度までが自業自得的な浪費に基づくものであるか。③衣と食との慢性的な欠乏に悩むような逼迫した貧困状態に置かれている家庭はどの位あるか。④肉体的な条件の低下が、死亡率の高度化によって示されるとするならば、その結果を正確に測定することは可能か。という点について多面的に調査をするよう注力した。なお、②についてはブースによる調査でも明らかにされたテーマであった。

そのためラウントリーは、ヨーク市全体の15,000世帯、75,812人のうち家事使用人のいる階級を除いた11,560世帯、46,754人の労働者階級の全てについて戸別調査を行うことが必要と判断した。労働者階級の住居の状態、職業、収入、各家庭の家族構成について丁寧に行い、その規模は、全世帯の77％、全人口の61％となっている。

---

(40) この製菓会社は日本でも有名なチョコレート菓子"KitKat"を販売した会社である。2005年に上映された映画「チャーリーとチョコレート工場」のモデルとなった会社といわれている。

第 2 章　都市貧困層の形成分析

（4）第一次的貧困と第二次的貧困

　ラウントリーの調査目的は、貧困生活状態にある人口の割合を確認することと同時に、その貧困状態の性質を知ることにあった。調査を開始するに当たって、次の2段階の貧困状態を設定した。①その家庭の総収入が、家族員の単なる肉体的能率を保持するための最小限度にも足りない家庭。この部類に属する貧困を「第一次的貧困」（primary poverty）とした。②その総収入の一部が、他の支出（必要性の有無は問わない）に振り向けられない限り、単なる肉体的能率を保持するために十分なる家庭。この部類に属する貧困を、「第二次的貧困」（secondary poverty）とした。

　こうした状態を確認するためには、各世帯の収入総額を知る必要があるだけでなく、各家庭構成員の肉体的能率を維持するために最低限必要とされる金額を知る必要があると述べている。具体的には当時、発達段階にあった栄養学を基に食物の質や量について科学的に算定することを念頭に置いていた。

　さらに労働者階級の家庭における食費以外の支出である家賃や必要経費についても詳細かつ周到に調査するべきであるとしている。

　このように、「第一次的貧困」、「第二次的貧困」状態にある人数を確認し、そうした状態に置かれざるを得ない直接的な原因の探求と分析を試みようとした。

　そして、「第一次的貧困」の基準を、①食糧、②家賃、③家庭雑費（衣服、光熱水費）の項目について必要最小限の程度を定め測定を行った。食糧については、その栄養素や所要量、種類、価格について細かく分析している。摂取カロリーについては、1日3,500キロカロリー、蛋白質125gとしている。

　ちなみに、厚生労働省が公表している「日本人の食事摂取基準」によれば30歳〜49歳の男性で、移動や立位の多い仕事に従事している場合、必要なエネルギー量として3,050キロカロリーとなっている。ラウントリーが示した数値は高いように思えるが、肉体労働に従事する者が多かったことを考えるとそれでも少ないかもしれない。

　ラウントリーが選択した食糧の種類としては、1週間分のメニューとして

表2-3 成年男子用の食事表

		朝食		昼食		夕食
日	パン マーガリン 紅茶	226.8g 14.2g 568.26ml	ボイルド・ベーコン エンドウ豆プリン	85.05g 340.2g	パン マーガリン ココア	226.8g 14.2g 568.26ml
月	パン 粥	226.8g 852.39ml	ジャガイモ及びミルク パン チーズ	680.4g 56.7g 56.7g	パン 野菜スープ チーズ	226.8g 568.26ml 56.7g
火	粥 脱脂乳	852.39ml 568.26ml	野菜スープ パン チーズ 肉団子	568.26ml 113.4g 56.7g 226.8g	パン 脱脂乳	113.4g 852.39ml
水	パン 粥 糖水	56.7g 852.39ml 852.39ml	ボイルド・ベーコン パン ジャガイモ	85.05g 113.4g 340.2g	粥 脱脂乳	852.39ml 568.26ml
木	粥 脱脂乳	852.39ml 568.26ml	コーヒー パン チーズ	568.26ml 226.8g 85.05g	パン 野菜スープ チーズ	226.8g 568.26ml 56.7g
金	パン 粥 糖水	56.7g 852.39ml 852.39ml	ボイルド・ベーコン パン ジャガイモ	85.05g 113.4g 340.2g	パン 粥	170.1g 852.39ml
土	パン 粥	113.4g 852.39ml	野菜スープ パン チーズ 羊脂プリン	568.26ml 113.4g 56.7g 226.8g	パン 脱脂乳	226.8g 568.26ml

＊上記に加え昼食には1日に、パン113.4gとチーズ42.5gを支給することができる。
出典：Rowntree（2010：99-100）＝長沼訳（1943：112） 一部加工

例示（表2-3）している。

　概ね一日あたりの摂取カロリーは、3,000キロカロリーとなっている。このメニュー（1週間分）のコストとしては3シリング3ペンスと算出している。

　家賃については、ヨーク市で、部屋数が4つある標準的な物件として月額4シリング7ペンスとしている。その他に家庭雑費として衣服や光熱水費を計上しているが、最も安く購入し得る手段で算出し1週間当たり2シリング6ペンスとしている。これらを基準として各家庭における一人あたりの最低経費は成人男子で1週間あたり7シリングと見積もっている。

（5）調査結果

　ラウントリーはヨーク市の全世帯の収入状況を7区分に分類（表2-4）

第 2 章　都市貧困層の形成分析

表 2 - 4　所得階級別の人口

所得クラス	世帯収入（1週間あたり）	各クラスの人数（人）	総人口に対する割合（％）
A	18シリング未満	1,957	2.6
B	18〜20シリング	4,492	5.9
C	21〜30シリング	15,710	20.7
D	30シリング超	24,595	32.4
E	家事使用人	4,296	5.7
F	家事使用人を置く家庭	21,830	28.8
G	公共施設内にいる者	2,932	3.9
計		75,812	100

出典：Rowntree（2010：31）＝長沼訳（1943：28）一部加工

した。

そして、「第一次的貧困」以下の人々が1,465世帯7,230人、総人口に対する割合は9.91％もいることを確認した。さらに「第二次的貧困」の状態にある市民も13,072人おり、合算すると20,302人（総人口に対する割合は27.84％）の貧困者がいることが分かった。

先述したチャールズ・ブースのロンドンにおける標本抽出型の貧困調査では、30.7％の人々が貧困層とされていた。ラウントリーは「われわれは、従来、ロンドンに於ける貧乏は、寧ろ例外的なものであらうと考えて来たのである、今や、周到なる調査の結果、典型的（標準的）な田舎の都市と目せられる土地（ヨオク）に於ける貧乏の割合も、ロンドンに於けるそれと、殆ど同じ程度のものであることが明かとなったのである」（長沼1943：403-404）と述べており大都市であるロンドンも地方都市であるヨーク市も約3割の人々が貧困状態に置かれていることが判明した。

こうした状況についてロブソン（William A. Robson）は「チャールズ・ブースや政府の調査がそれを明らかにするまで、社会の中流・上流階級の人びとが、これら多大な苦難にほとんど信じ難いほど無関心であったことは、一種の無責任さを示している」（辻2000：40）と述べている。ブースやラウ

ントリーの調査が当時のイギリス社会に対して大きな影響をもたらしたといえる。

（6）ラウントリー調査の影響

こうした最低生活費の科学的な算定という考え方は、その後各方面に影響を与えることになる。岩田は「福祉国家の基礎となったナショナル・ミニマムという考え方は、このラウントリーの生存の費用＝最低生活費の影響を受けている。『科学的』ということと、『生存維持』ということがミニマム（最低限）としてふさわしいと考えられたからであろう」（岩田2007：39）と述べている。日本の生活保護制度においても1948（昭和23）年から1960（昭和35）年の間、マーケット・バスケット方式が採用されている。これは、市場に出向いて買い物カゴに食料品や衣類等、最低生活を営む上で必要な物を入れるように生活保護基準を算出する方法であるが、ラウントリーの影響を受けていることは言うまでもない。

なお、岩田は「ラウントリーが得意そうに何度も強調する『科学性』は、食費には当てはまるかもしれないが、それ以外の必需費の算出基準は労働者の聞き取り調査を参照しているものの、かなり厳しい内容であった」（岩田2007：40）と述べ肉体的能率を保つために絶対に必要なもの以外は買ってはいけないという「最小限度」の判断基準はラウントリー個人の主観に基づく価値観でこれは決して「科学的」ではないと述べている。

ラウントリーは、私財を投じて貧困者の生活実態に迫ろうとしていた。"貧困"という眼に見えにくい抽象的な状態を、客観的に捉えるために「絶対的貧困基準」という一つの尺度を考案したと思われる。ラウントリーは概括及び結論部分で「わたくしは、本書に於いては、現實の究明に力を注ぎ、救済策の提示を主たる目的とはしなかった。しかし、わたくしは、ここで、わたくしの信じるところを、表明して置きたい。即ち、社会進化の道程が、どんなに困難なものであろうとも、眞の人間同情の至情に動かされた堅忍不抜の思想を以てすれば、道は、必ず拓り開かれるだろうと」（長沼1943：408）とヨーク市民の貧困状態を人間の善の連帯をもってすれば必ず改善するだろ

うと結論付けている。

　岩田がラウントリーの「科学性」について言及した背景には、近年増加傾向にある生活保護受給者に対する納税者からの不満を、予め防ぐ意図が働いていたのかもしれない。すなわち公的扶助はすべて税金で賄われていることから納税者にとっては、その水準は限りなく低く抑えたいというのが本音であろう。極論を言えば、ラウントリーの示した肉体的な活動を維持する最低限度の生活ができればそれで十分であろうという考え方である。現代では、貧困に陥る原因が個人の自己責任だけではなく社会構造上必然の結果として現れていることから、そういった極論を支持する人々は少ないと考えられるが、納税者からの批判は根強いものがある。

　この他にも貧困状態を測定する尺度として、ラウントリーが示した「絶対的貧困基準」は意味がある。現実に厚生労働省も2010年に「生活保護基準未満の低所得世帯数推計」として「絶対的貧困基準」に基づき生活保護水準以下の生活をしている人の人数を明らかにした。公的機関が政策目標を明らかにする場合など、目安となる基準が必要になることは当然のことである。後述する「相対的貧困基準」では可処分所得に基づいた貧困率が示されている。等価可処分所得の中央値の半分に満たない世帯員を貧困層としているが、これでは計算上必ず貧困層が生じるとともに、各階層所得の増減に伴って中央値が移動し継続的な貧困層に対する支援に支障が生じる。

　「絶対的貧困基準」につきまとう不安はこういった統計の話ではなく、それを貧困者に対する支援の水準として、無理に当てはめることにあると思われる。「劣等処遇」という考え方があるが、最貧困層を更に低い方へ追いやるのではなく低所得層も含めた全体の底上げを促す施策が求められていると考える。

第3節　近代東京における貧困地域の形成

1　都市スラムの形成過程

明治政府による日本の近代化政策によって、それまでの士農工商という身

分制度に支えられていた封建社会は解体され四民平等の世の中となった。このことは、国民に自由と一定の繁栄をもたらした。その一方で、資本主義に基づく資本家と労働者という新たな格差問題をもたらすことになった。都市部においてその傾向は顕著であった。なぜなら、帝都として急速に発展を遂げていた東京に地方から職を求めて多くの人々が集まったが、専ら収入の不安定な日雇い労働に従事していたことから職を失うと直ちに衣食住に事欠く状況に陥っていた。

　横山源之助の『日本の下層社会』を編集した毎日新聞社の島田三郎は「自由競争の結果は強者弱者を凌轢するに至らん。機械盛行の結果は資本家、労働者を抑圧するに至らん。昔時制度によって武士が平民を凌ぎたる者、今後は資本によりて富者、貧者を圧するの世とならん」（横山2005：3）と1898（明治31）年に当時の状態を嘆き同著の序文としている。同時期にこうした社会情勢を背景に片山潜らが1897年に「労働組合期成会」を発足し日本で最初の労働組合が結成されるが、治安警察法が1900年に制定されストライキが違法行為と定められ労働運動の弾圧が始まり、1902年には労働組合期成会も解散に追い込まれている。

　こうした事象は海外でも見られイギリスでは先行して1845年にエンゲルス（Friedrich Engels：1820-95）が産業革命によって激変した都市環境や過度な労働条件に喘ぐ窮乏した労働者の実態を現地調査に基づき『イギリスにおける労働者階級の状態』の中で克明に報告している。織布工の家族の生活では、機械導入以前は都市周辺の農村に住み十分な賃金を得られていたが、織物機械の普及に伴い職を奪われ、僅かな小作地を手放し都会に仕事を求めて出てこざるを得ない状態であった。都市の工場では、低廉な賃金で人間を機械化する単純労働が強いられていた。人口流入が過剰となった都市においては、劣悪な住宅問題や、し尿等の衛生状態の悪化、児童労働に伴う教育の荒廃そして労働者のあいだで見られる道徳的退廃が進行した。

　こうした状態を憂い、改善するためエンゲルスは3年後の1848年にカール・マルクスと共に『共産党宣言』を著している。

その後、イギリスにおいては、前述したブースやラウントリーによって大規模な貧困調査が行われることになる。

2　近代東京における都市スラム

このように社会の近代化に伴って貧困者が多く集まる一部の地域ではスラムが形成されていった。近代の東京においても各地において都市スラムと呼ばれる地域が誕生した。

横山の調査によれば1897（明治30）年頃では「東京の最下層とはいずこぞ、曰く四谷鮫ケ橋、曰く下谷万年町、曰く芝新網、東京の三大貧窟すなわちこれなり」（横山2005：27）としている。松原岩五郎によって同時代に行われた調査『最暗黒の東京』（明治25年から26年にかけて国民新聞に掲載）でも主にこの三か所が取り上げられている。

「四谷鮫ケ橋」は、1878（明治11）年、東京府四谷区が発足した当時は「鮫河橋谷町」という地名であった。横山によれば、この地域に1,365戸、4,964人が居住していたとされる。「下谷万年町」は、東京府下谷区が発足した当時の規模としては、865戸、3,849人であった。「芝新網」は、東京府芝区時代には「芝新網町」という地名で、横山の調査ではこの地域に532戸、3,221人が住んでいた。

明治中期の東京で、都市スラムができた背景を地域別に見ると、「四谷鮫ケ橋」と「芝新網」付近には、それぞれ陸軍士官学校、海軍兵学校があり、そこから排出される残飯を目当てとして形成されていった。1874（明治7）年に東京府牛込区市ヶ谷本村町に開校した陸軍士官学校は、四谷鮫ケ橋のスラムから数百メートルの距離にあった。1907（明治40）年には1,068人の卒業生を出している。兵科によって修業期間は異なっており砲兵と工兵が一番長く5年とされていたことから多くの士官生徒が学んでいた。

海軍兵学校は、現在の築地に1869（明治2）年から1888（明治21）年、広島に移転するまで存在し「芝新網」地域まで1.5キロ程度であった。

紀田は「軍隊から味噌汁のさめない距離を保つことは、福祉なき時代の極

図2-4　明治期における残飯屋

出典：松原（1980：42）

貧階級にとって生存のための必要条件だったのである。帝国陸海軍の廃棄物によって、社会の底辺が支えられていたというのは皮肉というほかはないが、当時は軍隊側も残飯の処理に窮していたので、払い下げに協力的だった」（紀田2009：68）と記述している。

　国民新聞の記者であった松原は記事を書くため「四谷鮫ケ橋」の残飯屋に就職し、実際に士官学校から朝昼晩と残飯を買い求めそれを貧民に対して販売した。「学校の生徒はじめ教官諸人数、千有余人を賄う大庖厨の残物なれば（中略）汁菜これに準じ沢庵漬の切片より食麺包の屑、ないし魚の骸、焦飯等みなそれぞれの器にまとめて荷造りすれば、ほとんどこれ一小隊の輜重ほどありて、朝夕三度の運搬は実にわれわれ人夫の労とする所にてありき」（松原1980：40-41）と士官学校から大量の残飯が放出されていることが記述されている。松原が大八車で残飯を持ち帰ると老若男女の貧民がそれぞれ桶や岡持等を持ち寄り、店先には黒山の人だかりができていたという（図2-4参照）。

　次いで、下谷万年町の都市スラムとしての形成過程は、他の2か所と違い、軍隊からの残飯をあてにすることはなかった。1884（明治17）年には上野駅

第2章 都市貧困層の形成分析

が仮駅舎で開業され、翌年には煉瓦造りの約783m²の本駅舎が竣工した。上野駅は鉄道輸送の拠点として賑わいを見せていた。また浅草は東京随一の繁華街として多くの人々が集まっていた。こうした地域から荷物の輸送に携わる日雇労働者が多く集まり、さらには繁華街として大量の屑がでることから都市雑業に従事する者も多数存在した。このような不安定な収入の労働者に向けて当時の安宿である「木賃宿」(41)が多く開業し、結果として都市貧困層が多く集まる地域となっていった。横山の調査によれば、1895(明治28)年東京市には145軒の木賃宿が存在したが、浅草と本所(浅草の東側)地域だけで109軒の木賃宿があった(横山2005:62-63)。なお、松原は以下のとおり下谷万年町の木賃宿にも実際に止宿し記事を残している。

> 「新賓客なる予は右側の小暗き処に座を取りしが、そこには数多積み重ねたる夜具類ありて垢に塗(まみ)れたる布団の襟より一種えならぬ臭気を放ち、そぞろに木賃宿の不潔を懐(おも)わせたるのみならず、予の隣に坐せる老漢は(中略)其の煮しめたる如き着物より紛々と悪臭を漲らし、頸筋または腋の下あたりをしきりに掻き捜しつつ、所在なき徒然に彼の小虫を嚙み殺しつつありしを見て予は殆ど坐に堪えがたく」(松原1980:14)。

と松原にとっては堪えがたい環境であることをレポートしている。松原は木賃宿に止宿する前に数日間の絶食による飢えの経験や野宿の体験を積んでいたが、木賃宿では、蚤や虱にさいなまれ精神朦朧として一夜を明かさざるを得なかった。そして日雇労働者が、三度の食事を節約してまで一泊三銭の木賃を払って止宿することに疑問を持つ。彼の結論としては数日の野宿であればこれも風流であるが、毎夜のこととなるとそうもいかない。明け方の夜露や枕元に現れる蛇、蛙等の気味悪さに比べればまだ悪臭や蚤、虱の方がましであると結論付けている。筆者としてさらに理由を付け加えるならば、寝込みを襲われ金品や仕事に必要な道具類の盗難を避けることや人間として屋根のあるところで寝るという誇りもあるのではないかと考える。

次に都市スラムに居住する貧民の生活として、住環境、家計等について概

---

(41) 最下層の旅館。食事は、宿泊客が食材と煮炊きする燃料の薪代を払って料理してもらう仕組みとなっている。木賃宿の「木」とはこの「薪」を意味する。

図2-5　明治36年当時の四谷鮫ケ橋

出典：宮尾（1969：37）

観する。住宅及び家族については、「九尺二間の陋屋、広きは六畳、大抵四畳の一小廓に夫婦・子供、同居者を加えて五、六人の人数住めり。これを一の家庭とし言えば一の家庭に相違なけれど、僅かに四畳六畳の間に二、三の家庭を含む。婆あり、血気盛りの若者あり、三十を出でたる女あり、寄留者多きはけだし貧民窟の一現象なるべし」（横山2005：57）とある。「九尺二間の陋屋」とは、間口が9尺（約2.72m）、奥行きが2間（約3.63m）の部屋を複数並べた長屋のことで当時の貧民窟の一般的な住宅であった（図2-5参照）。

家賃については、月額で下谷万年町と芝新網が70銭程度、四谷鮫ケ橋は38銭であり「恐らくは東京市中かくの如き家賃の低廉なるはあらざらん」（横山2005：54）となっている。支払方法は日払いが一般的であったが「衣食住の三のものにて貧民の重荷に艱むものは家賃なり」（松原1980：64）。とあるとおり貧民にとってその負担は重いものであった。こうしたことから、長屋の一部屋に一家族だけが居住するのではなく、複数の人間が同居するという形態を取り家賃の支払いを分散させ生活を維持していたと考えられる。

第 2 章　都市貧困層の形成分析

　現代においても地価の高い都市においては、世帯向けのマンション等を複数の単身者でルームシェアし家賃を低く抑える住み方があることから、こうした手法は決して過去のことだけではない。

　そして、明治期の長屋を中心とした住み方の特徴として中川は「貧民窟の集住単位においては、都市全体の中でのある完結した地区として、擬似的な共同性を形成する傾向が強かったと思われる。事実、寝ることと食うことくらいが個々の住居内で行われ、炊事、育児、洗濯、排便等の大半は、集住単位の空間において行われていた」（中川1999：31）と分析し貧民層における相互の関係を「同類相愛」、「患難相救ひ喜楽相共にする」と結論付けている。

　次に家計であるが、横山によれば一人の老婆、二人の子供を持つ人力車の引き手の一日の生計費用は、米代28銭6厘、薪代2銭5厘、朝の汁2銭、オカズ5銭、石油代8厘、炭代3銭、家賃4銭で合計45銭9厘となっている（横山2005：49）。人力車の引き手の多くは、一日平均の収入が50銭（横山2005：48）であったことから、ぎりぎり家族を養っていける水準であったと推測できる。

　これとは別に、横山が調査した残飯相場を見てみると、程度の良い残飯が120目（450g）：4人分で1銭、焦飯が170目（637.5g）：5人分で1銭、残菜1人分が1厘、残汁1人分が2厘であった（横山2005：53）。焦飯を主食として計算した場合、一人一食あたり5厘（現在の価値で100円程度）であった。このように、残飯の方が低廉であり、生きるためには残飯に頼らざるを得ない状況であったと考えられる。

　松原によると陸軍士官学校から3日間残飯が出ない時があった。松原が懇願したところ家畜用に残していた、腐敗した馬鈴薯や釜底の飯粒、味噌汁の搾りかすを分けてもらい持ち帰ったところ貧民は喜んでそれらを1椀5厘で買い求めたという。その際、貧民が腐敗してペースト状になった芋を疑って見た時、「キントン」という高価な珍菜と称して販売したことについて、腐った食べ物でも餓死するよりはましだろうという判断であったが、人助けは、道徳や慈善という言葉だけでは片づけられないと自責の念にかられている

(松原1980：46-48)。

このような貧民の家計について松原は「1カ月十円の収益をなす者は五円をもって庖厨いっさいの雑費に供し、余りの五円をもって家屋、衣裳、寝具、什器、履物、其の他日用諸雑品の費用に充てて渇々に生活をなす。是れ其の日計なり。かかる人々においては元より遊楽の余裕なく、交際の義捐なく、いわんや修飾の冗費、いわんや貯蓄の余残」(松原1980：66)と述べている。これは、前述したラウントリーのヨーク市の調査で明らかになった結果と重なる。すなわち日本の都市スラムに居住する貧民は「その家庭の総収入が、家族員の単なる肉体的能率を保持するための最小限度にも足りない家庭(第一次的貧困)」、「その総収入の一部が、他の支出(必要性の有無は問わない)に振り向けられない限り、単なる肉体的能率を保持するために十分なる家庭(第二次的貧困)」にすべて当てはまるということである。

ラウントリーの著書が1901年、横山源之助が1899年の発刊ということからイギリスと日本における産業資本の急進によって生じた貧民層は、ほぼ同じような劣悪な生活環境を強いられていたと考えられる。

3　都市スラムの消滅

東京の三大スラムのその後はどうなったのか。現在の街並みを見る限り、100年前のそういった痕跡を見つけることはできない。地名もすべて変わっており僅かに橋や坂道等の名称に名を残すのみである。特に「芝新網町」や「下谷万年町」は地価の高騰によって、貧民が支払える家賃ではなくなっていく。また、1923(大正12)年の関東大震災及び太平洋戦争で家屋は焼失してしまった。更には高度経済成長に伴って物理的にスラムは消滅していった。

これとは別に東京市特殊尋常小学校[42]の展開で三大スラムが解体されたという研究がある。安岡によれば、下谷区万年町に1903(明治36)年2月に東京

---

(42) 東京市が貧困家庭の児童を対象として設置した義務教育機関。恩恵として授業料の免除、学用品の貸与があった。授業時間は午前、午後、夜間の三部制を編成し、夜間部には家計のため昼間働かなければならない家庭の児童を受け入れた。

で初めて設立された特殊尋常小学校に入学した児童の保護者のうち、そのほとんどが人力車の引き手や職人、日雇労働者という職業層であった。しかしながら卒業生の多くは保護者とは別の職業である技術を身に付けた工場労働者になっていった。

特殊尋常小学校の設立意図には、貧困児童を安価な労働力とする狙いもあったが、良質な労働力として陶冶するという目的もあり背景には国家的な要請があった。いずれにしても、特殊尋常小学校によって都市貧困層における子弟の技術力向上が図られ生活水準が向上し都市スラムが解消されていったという見方もできる。特殊尋常小学校は下谷万年町に続き同年9月には四谷鮫ケ橋、1907（明治40）年には芝新網町にも設立され、その入学者はスラムの解消とともに減少している。こうしたことから特殊尋常小学校による職業教育の実践が都市スラムの解消に効果があったと考えられる。

第4節　相対的貧困基準への移行

1　相対的貧困基準とは

前述の「絶対的貧困基準」に対して「相対的貧困基準」という考え方がある。これは、人間が単に生物学的に肉体を維持するだけでなく、人として社会や地域で、親類や友人との付き合いが保障され、文化的にも一般世帯と遜色のないレベルを維持でき、人としての尊厳が守られる最低限度の生活基準のことである。

この考え方を構築したのが、イギリスのピーター・タウンゼント（Peter Brereton Townsend 1928-2009）である。タウンゼントは、社会保障学、社会福祉学、社会学の研究者として知られ、イギリスのエセックス大学やブリストル大学、ロンドン・スクール・オブ・エコノミクスで教鞭を取った。また、さまざまな福祉運動に携わると共に労働党のブレーンとしての顔も有名である。1952年に労働党系の民間シンクタンクである「政治経済計画研究所」（Political and Economic Planning：現在の「政策科学研究所」Policy Studies Institute）で「貧困の測定」という論文を発表している。こ

の論文でタウンゼントは、「戦後の所得保障の最低基準となったベヴァリッジのナショナル・ミニマムは、専門家が恣意的に机上で算定した『生存ニード』に基づいており、貧困者の生活実態がまったく考慮されていない」（杉野：183）と批判し独自の貧困測定基準を打ち立てた。

このようにタウンゼントは生活困窮者を救済するべき基準は「絶対的貧困基準」ではなく、自身の「相対的基準」が正しいという考え方を示した。

2　タウンゼントによる相対的剥奪

タウンゼントは著書 Poverty in the united kingdom （1979）で相対的な貧困基準を「個人、家族、諸集団は、その所属する社会で慣習になっている、あるいは少なくとも広く奨励または是認されている種類の食事をとったり、社会的諸活動に参加したり、あるいは生活の必要諸条件やアメニティをもったりするために必要な生活資源を欠いている時、全人口のうちでは貧困の状態とされる」と定義している（柴田1997：8）。そして、タウンゼントは、こうした状態を「相対的剥奪（relative deprivation）」と説明している。

相対的に剥奪されているという概念を、休日の過ごし方や外出、自宅への友人の招待、食生活、住宅設備、耐久消費財の保有等の12種類の「剥奪指標」（表2－5）を用いて検証し、所得が一定水準を下回ると「剥奪指標」の数値が急増する「閾値」を見出しイギリス全体でその人口を12万4600人と推計した（柴田1997：8）。

前述したラウントリーの「絶対的貧困基準」に対して否定的であった岩田は、タウンゼントの相対的剥奪指標については肯定的にとらえている。「社会の一員として生きていくための最低限の生活費が貧困の境界となる、という考え方がそこから生まれてくる。この考え方を推し進めたのが、ラウントリー批判の急先鋒であったイギリスの貧困学者ピーター・タウンゼントである。彼は、人間の生活というものは、肉体の維持によるだけでなく、社会における生活様式や慣習によっても支えられていると考えた」（岩田2007：40-41）。また、「タウンゼントのような、変化する生活様式を踏まえた相対的貧

第2章 都市貧困層の形成分析

表2-5 相対的剥奪指標

> Has not had a week's holiday away from home in last 12 months.
> この1年間、家を離れた1週間の休暇を持つことができていない。
> (Adults only) Has not had a relative or friend to the home for a meal or snack in the last 4 weeks.
> (大人)この4週間、親類や友人を自宅に招いて食事や軽食を取れていない。
> (Adults only) Has not been out in the last 4 week to a relative or friend for a meal or snack.
> (大人)親類や友人と食事や軽食を取るためこの4週間で外出していない。
> (Children under 15 only) Has not had a friend to play or to tea in the last 4 weeks.
> (15歳以下の子ども)ここ4週間の間で、友人と遊んだりお茶を楽しんだりしていない。
> (Children only) Did not have party on last birthday.
> (子どもに限る)前回、誕生日パーティを開催できなかった。
> Has not had an afternoon or evening out for entertainment in the last two weeks.
> ここ2週間の間で、娯楽のために午後または夜、出かけていない。
> Does not have fresh meat (including meals out) as many as four days a week.
> 1週間のうち4日、新鮮な肉(外食を含む)を食べることができなかった。
> Has gone through one or more days in the past fortnight without a cooked meal.
> 過去2週間で一日かそれ以上、調理した食事を取れていない。
> Has not had a cooked breakfast most days of the week.
> 週のうちほとんど調理された朝食を取れていない。
> Household does not have a refrigerator.
> 家庭に冷蔵庫がない。
> Household does not usually have a Sunday joint (3 in 4 times).
> 家族が一緒に過ごす日曜日が通常、月3回ない。
> Household does not have sole use of four amenities indoors (flush W.C.; sink or washbasin and coldwater tap; fixed bath or shower; and gas or electric cooker).
> 世帯において、屋内のトイレ、洗面台、水道、固定バスタブまたはシャワー、そしてガスや電気調理器具を占用設備として持っていない。

出典:(Townsend 1993:115) 一部加工 訳:筆者

困の立場に立つと、豊かな社会でも貧困が『再発見』される可能性が高くなる」、「アメリカのホームレスが途上国の普通の人より多くのモノを持っていても、アメリカ社会で貧困であることに変わりはない。という説明ができることになる」(岩田2007:44)とその効用についても評価している。

また、ロバート・ゴードン大学公共政策学部長で、貧困や福祉政策理論の研究者であるポール・スピッカー(Paul Spicker1954-)もタウンゼントの貧困定義について、「貧困を理解するには、貧しい人々の立場とそうでない人々の立場を比較しなければならないのである」(圷:42)そして「この定義は、貧困の社会的定義や不平等原因論よりも、さらに踏み込んだものである。それは、社会が容認するかどうかという観点から貧困をとらえている。

社会が変われば、貧困の基準も変わる。社会が豊かになれば、それだけ基準も高くなる傾向がある」(圷：43)と述べており、両氏ともにタウンゼントの相対的貧困基準が貧困の再発見に寄与し、貧困判定の基準については、ラウントリーによる身体能力を維持できる最低限度の水準を用いるのではなく、社会生活を営む上で最低限必要な水準が「貧困水準」として望ましいと主張している。

柴田は、タウンゼントが「相対的剥奪指標」を提起した理由について「(当時のイギリスには)世帯のアメニティを維持したり、子どものニーズを充たすために、近隣や職場の友人とのつきあいを犠牲にするといったように、あるデプリベーション(剥奪)を避けるために他のデプリベーションを受けるという貧困層の生活実態があった。この問題意識の妥当性は、低所得での生活においては、食費や被服費などの生活の必需品に関わる費目が切り詰められたり、社会生活に参加する費用にこと欠くために社会的孤立が進んだり、子どもの生活でも学校行事や友人とのつきあいとしての外出の機会も狭まったりすることがみられる」(柴田1997：13)という貧困家庭の実情を踏まえての調査研究であったと述べている。

この考え方は、近年、日本でも議論されるようになってきた「社会的排除(social exclusion)」の萌芽となる発想とも思える。この考え方は、ヨーロッパにおいて発祥したが、貧困は経済的な面だけではなく、社会との関係も乏しくなる現象のことであり貧困ゆえに社会との関係が薄れ、その結果、必要な情報が遮断され、貧困からの脱出が困難になる状態のことを意味している。

タウンゼントは、調査研究を進め *The international analysis of poverty* (1993)では1985年から86年にかけてロンドンで実施した調査で用いられた77項目の指標からあらためて剥奪指標を整理した(表2-6)。

相対的剥奪概念についても再定義し「人々が社会で通常手に入れることのできる栄養、衣服、住宅、居住設備、就労、環境面や地理的な条件についての物的な標準にこと欠いていたり、一般に経験されているか享受されている

第 2 章　都市貧困層の形成分析

表 2-6　相対的剥奪指標

Material deprivation（物質的な剥奪）
Dietary（日常における食事）
Clothing（衣類）
Housing（住宅）
Home facilities（住宅内設備）
Environment（社会的・文化的な環境）
Location（地理的な位置）
Work（paid and unpaid）（有給そして無給の仕事）
Social deprivation（社会的な剥奪）
Right to employment（雇用に対する権利）
Family activities（家族活動）
Integration into community（地域社会への統合）
Formal participation in social institutions（社会制度への公式参加）
Recreation（娯楽）
Education（教育）

出典：(Townsend 1993：93)　訳：筆者

雇用、職業、教育、レクリエーション、家族での活動、社会活動や社会関係に参加できない、ないしはアクセスできない」（柴田1997：8）状態とした。

　1979年の定義と比較すると更に具体的な剥奪状態の実態を分析し、家庭内における諸活動に限らず教育や雇用にもその影響が広く及んでいることを明らかにしている。

　そして、タウンゼントは再定義した剥奪指標を用いて面接調査を行い「貧困線」を設定し当時の大ロンドン市の公的扶助額が貧困線を大きく下回っていることを訴えた。

　前述したとおり、タウンゼントはベヴァリッジが提唱したナショナル・ミニマムによる貧困基準が貧困家庭の実態にそぐわないとして批判をしている。

　このことについて、杉野は「ラウントリーやベヴァリッジが描いていた所得保障水準（ナショナル・ミニマム）が、文字どおりミニマム（最低水準）なのかいわゆるオプティマム（最適水準）なのかという点は議論のわかれるところである。近年の研究によれば、それはまさしく『最低限度』すなわち

単に生物学的生存のみを保障するものでしかなかったようである」(杉野：184) と述べている。

　前述したとおり、ベヴァリッジ報告に基づく「国民扶助法」の給付水準としてはラウントリーによる「絶対的貧困基準」を算定の基礎としている。これは当時のイギリスでは、救貧法時代からの思想として公的扶助の水準は、給付を受けない世帯の最低生活を上回ってはいけないという「劣等処遇」の考え方があり、「相対的貧困基準」をそのまま、所得保障の水準に設定することは困難であったと考えられる。

　前述したラウントリーは、貧困基準を、肉体的能率を維持する最低限度にも満たない「第一次的貧困」と収入を他の支出に振り向けない限り肉体的能率を維持できる「第二次的貧困」と分けて定義している。「ラウントリーも、自らの一次的貧困水準の採用には否定的であった」(杉野：185) とあるとおり、ラウントリーは、生物学的に身体機能を維持できない水準を公的扶助の水準に用いることは望んでいなかった。

　さらに、杉野によれば「貧困線の算定基準と貧困者の生活実態との乖離は、ラウントリーもベヴァリッジもすでに気づいていた」(杉野：185) とあり、社会生活を維持できる相対的貧困基準の方が、人間らしい生活を営めることは十分理解していた。このことは、ラウントリーの第2回目のヨーク調査で「個人雑費」を必要支出に含めたことやベヴァリッジが週2シリングの「余裕額」を必要支出に含めていたことから理解できる（杉野：184)。

　しかしながら「相対的基準」の積極的な採用を訴えなかったのは、低所得者の生活を上回る公的扶助は、納税者からの反発が生じるとともに就労意欲の減退が起きることを危惧していたと考えられる。

　この問題は、現代の日本においても生活保護基準と最低賃金の逆転問題として取り上げられている。最低賃金水準を上回る公的扶助を実施するならば、最低賃金水準近くで生活をしている人々の労働に対する意欲を維持できなくなってしまう。しかしながら「劣等処遇」の方針を貫くならば、高齢者や障害者等働きたくても働けない人々は、社会的な生活を犠牲にしなければなら

ない。最低賃金水準を引き上げれば問題は解決するが、経営者の立場からいえば簡単にはいかない。現代の日本においては、この問題は、少しずつ最低賃金を引き上げる政策をとることで解決を図ろうとしている。

3 合意基準アプローチによる分析

現代の保護基準のあり方について、阿部はタウンゼントの「相対的剥奪」基準を用いて計測を試みている。

阿部が調査を行う際に留意したのが、タウンゼント調査に対する批判の一つである「項目の恣意性」を排除したことである。これは、タウンゼント調査の際、各家庭の剥奪の状況を明らかにする項目がタウンゼントによって決められていることへの指摘である。前述の剥奪指標にあるとおり、「１週間のうち新鮮な肉を食べることができなかった」や「家庭に冷蔵庫がない」などの項目は、菜食主義者（ベジタリアン）の場合どうなのか、各家庭まで電気が届いていない発展途上の国ではどうなのか。また長期休暇の習慣が少ない日本において、「この１年間、家を離れて１週間の休暇を取ることができた」という質問はほとんどの世帯で実現できないと考えられる。

このように剥奪指標を設定する際、どのように項目を選定するかが重要となる。この問題を解決する方法として、項目の選定自体を事前に社会調査で集める「合意基準アプローチ」という手法がある。「一般大衆から無作為抽出された調査対象にどのような項目がその社会において最低限の生活をおくるために必要かどうかを問う予備調査を行う方法」（阿部：255）とあるとおり、広く社会に質問項目自体を問う形式をとっている。

「予備調査にて回答者の過半数が『絶対に必要である』とした項目のみを『社会的に認知された必需項目』とし、これら項目のみをリストに加えることにより、研究者の恣意性が排除されるとともに、選択された項目のリストは、社会が認知する貧困基準として確認される」（阿部：255）という前提で実際に調査を行った。調査の進め方としては、調査を行う前年に予備調査と[43]

---

(43) 2003年に厚生労働科学研究費補助金政策科学推進研究事業「公的扶助のあり

表2-7　相対的剥奪指標に用いられた項目とその普及率

	社会的必需項目（16項目）	普及率	100%－普及率
設　備	電子レンジ 冷暖房機器（エアコン、ストーブ、こたつ等） 湯沸器（電気温水器等含む）	98.4% 99.1% 96.4%	1.6% 0.9% 3.6%
社会生活	親戚の冠婚葬祭への出席（祝儀・交通費を含む） 電話機（ファックス兼用含む） 礼服 1年に1回以上新しい下着を買う	97.2% 97.9% 97.2% 92.2%	2.8% 2.1% 2.8% 7.8%
保　障	医者にかかる 歯医者にかかる 死亡・障害・病気などに備えるための保険（生命保険、障害保険など）への加入 老後に備えるための年金保険料 毎日少しずつ貯金ができること	98.2% 97.2% 91.9% 93.9% 75.0%	1.8% 2.8% 8.1% 6.1% 25.0%
住環境	家族専用のトイレ 家族専用の炊事場（台所） 家族専用の浴室 寝室と食卓が別の部屋	98.8% 98.9% 97.8% 95.0%	1.2% 1.1% 2.2% 5.0%

出典：(阿部：259)

して、20歳以上の一般市民2,000人を対象に『福祉に関する国民意識調査』を実施し1,350人から回答を得ている。設問としては、「現在の日本の社会において、ある家庭がふつうに生活するためには、最小限どのようなものが必要だと思いますか。ここにあげる項目について、『絶対に必要である』『あったほうがよいが、なくてもいい』『必要ではない』の中から、あなたのお考えに近いものをあげてください」という内容で28項目について質問している。そのうち有効回答者の50％が「必要である」と答えた項目について「社会的必需項目」としてリスト化している。

次に本調査として全国の20歳以上の男女2,000人を対象に「社会的必需項目」リストをもとにそれらが欠如しているかどうかを問うた。その結果は表2-7のとおりである。

方に関する実証的・理論的研究」の一環として、国立社会保障・人口問題研究所が民間会社に委託して実施した。

第2章 都市貧困層の形成分析

予備調査で「必要である」と答えた項目のうち、ほとんどは90％以上の普及率となっている。家庭内の設備や住環境は軒並み95％を超えており安定している。社会生活の分野も「1年に1回以上新しい下着を買う」を除けば、高い普及率といえる。しかしながら保障の分野で「毎日すこしずつでも貯金ができる」という項目では、日々貯金をするというイメージではなく、毎月の収入から支出を差し引いた額が赤字ではなくそこから貯金ができる状態を想定することができるが、4人に1人はできてい

表2-8 相対的剥奪スコアの分布

スコア	N	％
0	990	65.1
1	312	20.5
2	80	5.3
3	61	4.0
4	27	1.8
5	17	1.1
6	13	0.9
7	10	0.7
8	6	0.4
9	2	0.1
10	1	0.1
11	1	0.1
サンプル数	1,520	
平均	0.713	
標準偏差	1.403	

出典：(阿部：260)

ない。すなわち毎月赤字か収支が同程度の家計といえるのではないか。また、「死亡・障害・病気などに備えるための保険への加入」の項目についても、他の項目と比較すると8.1％の剥奪率となっており高い数値となっている。

各家庭においては、住環境や設備を整えることや冠婚葬祭等は大切と考えており、それは、貯金やいざという時のための保障よりも優先していることがこの調査からわかったといえる。

また、調査世帯のうち剥奪されている項目の数に関する結果について「剥奪の深さ」として分析を行っている（表2-8）。

必要なものがいくつ欠如しているかをみると、65.1％はスコアが0、すなわち全て満たされている状態であった。しかしながら、残りの34.9％は何らかの剥奪状態にあり14.4％は2項目以上の剥奪状態であった。

本番の調査において判明した年齢層別の剥奪率は、世帯主の年齢層からみると20歳代の剥奪率が一番高く次いで70歳代となった。20歳代は所得が少ないことが主な理由と考えられ、70歳代は現役時代のフローによるストックが

減少している状態であることが推計できる。

　配偶者の有無と相対的剥奪との関係については、20歳代から70歳代までの全ての年齢層において、配偶者のいない方が剥奪状況は高かった。これは、近年日本社会でも深刻な問題としてあげられる、低収入ゆえに結婚ができない人々や子どもを作らない夫婦が増えていることと一致しているように思われる。少子化問題の次元から論じればこの課題は相対的剥奪の典型といえるかもしれない。

　タウンゼントの調査で明らかになった相対的剥奪指標が急上昇する閾値については、世帯年収が400万円から500万円までの階層で確認することができた。この結果について阿部は「相対的剥奪の現象は、通常考えられていたよりも、もっと所得が高い段階から、そのリスクが高まるということである。逆に言えば『世帯所得400－500万円未満』の生活は、『国民総中流』の神話がある日本において『人並み』の生活をおくるためには、決して、ゆとりのある生活ではなく。それ以下の所得になると、段々と剥奪の危険性が増す」（阿部：268-270）と分析し、閾値の発見によりそれ以下の所得層への「防貧」の予防線を張ることが大切であると示唆している。

4　効果的な貧困状態の測定

　阿部は、相対的貧困基準について「相対的剥奪は、直接生活の質を計っている点で、人々の直感に訴える概念である。また生活活動は、現在の所得以外の要因（例えば、貯蓄や持ち家）にも影響されるため、相対的剥奪指標は、現在の所得のみによる指標よりも生活水準に密着した指標ということができる。このように相対的剥奪指標を持って貧困を測定することは、従来の貨幣的な貧困指標の欠点を補う意義あるプロセスである」（阿部：253）と述べている。

　確かに、現代の相対的貧困基準を測定する際の手法としては、「生活保護法で規定された水準」や「所得の中央値の50％以下の収入」が用いられることが多い。しかしこれは、ほぼフロー収入のみに着目しており、ストックに

ついては考慮されていない。例えば月々の収入は少ない場合でもストックが豊富な場合や、周辺からの人的・物的援助で生活困窮状態ではない場合もある。それとは逆にフロー収入は多くても、家族の介護・医療費や借金返済に充てる割合の多寡等によって生活困窮状態に陥っている人々もいる。相対的剥奪指標による基準は、こうした条件も加味しており貧困状態を見極めるうえで、有効・適切と考えられる。

第5節　貧困に陥る要因分析

1　貧困の要因

貧困状態に陥る要因には様々な状況があり得る。①偶発的に発生する場合、②ある程度予測がつくとともに個人の責に帰する場合、③個人の力では回避できない構造的な場合、と大きくは3つに分類ができると考える。

貧困原因として代表的な「傷病等」は、偶発的な場合が多い。「多重債務」や「離婚」は、一般的には個人の責任によるところが大きい。不況による失業や収入の減少、雇用形態の変化による非正規雇用などは構造的な問題として捉えることができる。本節においては、こうした様々な要素のうち傷病等、多重債務、離婚及び非正規雇用によって貧困に陥る仕組みについて考察する。

（1）傷病等

けがや病気と言っても様々な種類があり、一般的には適切な治療を受けることで、回復することが多く貧困に陥るということは考えにくい。しかしそれは、社会保険制度の枠内で守られていることが前提である。

日本の公的医療保険制度は、表2-9のとおり民間企業に勤める人が加入する「全国健康保険協会管掌健康保険（協会けんぽ）」や「組合管掌健康保険（組合健保）」、公務員が加入する「共済組合」や個人事業主や無職者が加入する「国民健康保険」がある。

非正規雇用で働いている人の中には、勤務先の社会保険に加入できない場合もある。そういった場合は国民健康保険に加入することになる。そして非正規雇用者に限らず自営業者の中でも収入が安定しない人々は保険料が払え

表2-9　医療保険制度の加入者等

制　　度		加入者数（万人）	％
被用者保険	全国健康保険協会	3,488	27.1
	組合管掌健康保険	2,950	22.9
	共済組合	919	7.1
	船員保険	13	0.1
国民健康保険	市町村国保	3,520	27.3
	国保組合	312	2.4
後期高齢者医療制度		1,473	11.4
その他（生活保護）		211	1.6
総　　数		12,887	100

出典：厚生労働省「我が国の医療保険について」より筆者作成　一部加工

ず滞納しているケースもある。

　厚生労働省の調査によれば、2010年度の滞納世帯数は414万世帯を超え、その割合は全加入世帯の20％に及んでいる。

　保険料を滞納し続けると、段階を踏んで保障サービスが制限される。初めの段階では、電話や郵送で納付の督促が始まりそれでも納付しない場合、国民健康保険法に基づき「短期被保険者証」が発行される。これは、世帯主が特別な事情なく健康保険料を滞納すると、通常の1年間有効の保険証に変わりになるもので医療機関等での窓口の支払いは通常と同じ3割負担だが、有効期間が3～6カ月と短くその都度更新の手続きが必要となる。平成24年度では125万世帯（6.1％）おり近年、増加傾向にある。

　さらに保険料の納期限から1年が経過すると「短期被保険者証」に代わり「資格証明書」が発行される。これは、国民健康保険の加入資格を証明するだけであり、医療機関等での窓口負担は医療費の全額を負担しなければならない。その後、市区町村に手続き申請を行うことで自己負担分を除いた金額の払い戻しを受ける仕組みとなる。全国で29万世帯（1.4％）いる。

　そして、最終的には「財産の差し押さえ」が実施される場合もある。特に

（44）平成23年度国民健康保険（市町村）の財政状況。

悪質な滞納についてはこうした措置が取られ、差し押さえ件数も増加している。厚生労働省の報告によれば2010年度では18万7千世帯で差し押さえが実施されており、差し押さえ金額は732億円にも及んでいる。

日本は国民皆保険といわれて久しいが、国民健康保険の実態は前述のとおり滞納者が5人に1人となっており、その中には保険料が納められないがために十分な医療サービスを受けられない状態の人々が存在している。

本来であれば医療機関で適切な初期対応を施せば治癒が可能であったかもしれない症状が、治療が受けられないことで慢性化し著しく健康状態を悪化させるケースもある。そして、そのために仕事ができない状況に追い込まれて行くことも多い。

低所得者の場合、市販の薬で対症療法的な処置に頼らざるを得ない場合や市販薬でさえ購入する余裕がないことも多い。インターネットでさまざまな質問を受付けているサイトを閲覧すると病気の症状を訴えた後、いかに医療機関に通わずに費用のかからない民間療法的治療が可能かという質問を多く見ることができる。低所得者の悲痛な叫びが聴こえてくる。

特に日雇いの仕事をしながら日々食いつないでいる人々は、仕事ができないことが、そのまま収入ストップに繋がる。高齢者であれば、生活保護を受給し立ち直ることも可能だが、若い人になると、福祉事務所で生活保護の申請をしても受理してもらえない場合が多い。いわゆる「ネットカフェ難民」と呼ばれる人に聞いてみると日雇い派遣の仕事に従事していたが、病気やケガで仕事に就けなくなると数日で蓄えが無くなり、住んでいたアパートも出ていかざるを得ず、ネットカフェでの生活を余儀なくされているというケースも少なくない。収入や貯蓄が少ない人ほど、病気やケガをきっかけに貧困に陥る危険が高い。一定の収入があり社会保険料を納めていれば、医療保険で守られ、多少の病気やケガで貧困状態に陥ることはないが、その網から漏れている人は、病気即貧困という状態に陥ってしまう。

本来、最後のセーフティネットと言われる生活保護制度も、全ての世代に

---

(45) 平成22年度 国民健康保険（市町村）の財政状況等について。

渡ってカバーしているとは言いがたい。福祉事務所の窓口に生活保護の申請に出向いても65歳まではいわゆる稼働年齢層ということで、障害者や長期間の治療を要する病気の人以外は申請そのものが受理されない傾向がある。例えば、職場のストレスで精神を患った若い人が、本来は生活保護を利用して早めに治療すれば社会復帰できる可能性がありながら生活保護を認められず、治療費や生活費のための借金を重ねて多重債務に陥り、病気も悪化し、心身ともに回復困難な状態になってはじめて生活保護が認定されるということもあり得る。

このように、稼働年齢層においては生活保護という制度からも除外されているのが現状である。

(2) 多重債務者

消費者金融からの借り入れに関する問題は、1970年代はじめから社会問題化している。それ以降も、複数の会社からの借り入れにより生活が破綻してしまう「多重債務者」が増加する傾向にあり、マスコミでも大きく取り上げられるようになってきた。

当時、この問題は計画性の無い若年層や買い物依存症になった人たち等、一部の人々の問題と見られることが多く、いわば豊かになった社会の副作用と考えられてきた。

しかしながら、1990年代に入り不況が長期化すると、生活費や交際費を借金に頼らざるを得ない低所得者層が増加し始めた。また、銀行等の金融機関による"貸し渋り"により自営業者を中心に運転資金を賄うため消費者金融だけでは足りず、いわゆる「ヤミ金融」[46]に手を出さざるを得ない状況に追い込まれる事業主が続出した。これは、大きな社会問題にもなり、返済能力を無視した貸し付けが行われ高額な金利を支払いきれず、自己破産、さらには自殺にまで追い込まれるという事件が相次いだ。一方、消費者金融各社は、一般にテレビ等のコマーシャルを頻繁に使い、明るいイメージを装いながら

---

(46) 国や都道府県に貸金業としての登録を行っていない業者。法外な高金利を課し、人権を無視した債権回収を行う場合もある。

積極的に利用者獲得に走った。このように、一般的には本人の支払い能力を超えて複数の機関から借り入れをしている債務者のことを多重債務者と呼んでいる。

政府に設置された多重債務者対策本部によれば、日本における消費者金融の利用者は少なくとも1,400万人おり、そのうち多重債務者は200万人を超えているといわれている。(47)

独立行政法人国民生活センターでの相談件数も1995年度は6,398件であったが、2004年度には56,469件と8倍以上となっている。

多重債務問題は自殺、家庭崩壊等と本人や家族等に大きな影響を与えている。警察庁によれば、多額の債務や失業、事業の失敗など「経済生活問題」を理由にしたとみられる自殺者は、2004年には7,947人となっている。

また、最高裁によると、個人の自己破産件数のピークは2003年の242,377件となっており現在は減少傾向にあるものの2010年で120,930件と多重債務者がおかれた現状は依然きわめて深刻であり、多重債務問題の解決が急がれている。

2005年に国民生活センターが実施した「多重債務問題の現状と対応に関する調査研究」によれば、はじめて借入れをした頃の年収は、200万円未満が最も多く約29.9％、ついで200万円から300万円が27.9％となっており300万円以下が6割近い状況になっている。

最初に借入れた時の理由としては、「収入の減少・低収入」が45.6％、「借金返済のための借金」が19.8％となっている。また、返済が困難になってからの借入れの理由としては、「収入の減少・低収入」が66.0％、「借金返済のための借金」が51.5％（複数回答）の順である（図2-6）。

ちなみに借入れ理由のうち「ギャンブル費」「遊興費」と回答した人の合計は21.5％であることから多重債務に陥った人の8割近くの人々は、決して「遊ぶ金」欲しさではなく、そもそも収入が少ない人や何らかの理由で減少した人である。そして、消費者金融を利用し、その借金を返済するために借

---

(47) 多重債務問題改善プログラム 平成19年4月20日。

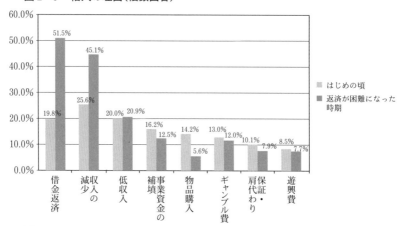

図2-6 借入の理由(複数回答)

出典:国民生活センター「多重債務問題の現状と対応に関する調査研究」

金を重ねるという悪循環が繰り返される。

さらに、はじめての借入れから返済が困難になるまでの期間としては、「1年未満」が2割を超えている。

借金が生活に与えた影響としては、「自殺を考えた」が最も多く35.0%、「ストレスから病気になった」が30.4%、「家族の別居や離婚」22.6%、「蒸発を考えた」20.7%、となっている。実際に「蒸発」した人は2.7%、「自殺未遂」した人は2.1%いる(表2-10)。

このように多重債務の問題は、短期間で家庭崩壊、精神疾患、社会からの孤立そして最悪の場合は自殺へと追い込まれていく危険性を孕んでいる。

借入先を決めた理由は、複数回答で「たまたま宣伝を見たから」が44.8%、「有名な会社だから」が41.9%となっている。テレビCMや新聞広告のイメージで軽く考えた結果、回復困難な状態に陥っている。こうした調査結果を踏まえた上で、関係行政機関においては、早急に有効な対策をしなければならないと考える。

消費者金融などの貸金業者や、借入れのルールについて定めている法律が貸金業法である。近年、返済しきれないほどの借金を抱えてしまう「多重債

表2-10 借金が生活に与えた影響（複数回答）

影　　　響	割　合
自殺を考えた	35.0%
ストレスから病気になった	30.4%
家族の別居や離婚など、家庭崩壊を招いた	22.6%
蒸発を考えた	20.7%
車を手放した	15.4%
親戚との付き合いがなくなった	15.4%
職場を辞めた	12.1%
自宅を手放した	11.1%
保証人に請求があり顔向けできなくなった	11.1%
経営する会社が倒産した	8.9%
実際に蒸発した	2.7%
実際に自殺未遂となった	2.1%
子どもが学校を退学した、進学を断念した	1.7%

出典：国民生活センター「多重債務問題の現状と対応に関する調査研究」より筆者作成

表2-11 新しい貸金業法のポイント

(1) 総量規制―借り過ぎ・貸し過ぎの防止
 ・借入残高が年収の3分の1を超える場合、新規の借入れができなくなります。
 ・借入の際に、基本的に、「年収を証明する書類」が必要となります。
(2) 上限金利の引下げ
 ・法律上の上限金利が、29.2%から、借入金額に応じて15%～20%に引き下げられます。
(3) 貸金業者に対する規制の強化
 ・法令遵守の助言・指導を行う国家資格のある者（貸金業務取扱主任者）を営業所に置くことが必要になります。

出典：金融庁HP「貸金業法のキホン」

務者」の増加が、深刻な社会問題（多重債務問題）となったことから、これを解決するため、2006年、従来の法律が抜本的に改正された（表2-11）。

多重債務問題を解決するために、国は、前述のとおり、2006年12月、貸金業法を「貸金業の参入厳格化」、「執拗な取立て行為の規制強化」などの観点から改正するとともに、内閣に「多重債務者対策本部」を設置して「多重債

務問題改善プログラム」を作成した。これを受けて、関係省庁の連携、自治体、関係団体が一体となって多重債務問題を解決する体制が整えられた。

　東京都では、2007年8月、全庁的な取組として「多重債務問題庁内連絡会議」を設置し、都内関連団体の協力のもと「東京都多重債務問題対策協議会」を立ち上げ、多重債務問題の取り組みを始めた。東京都消費生活総合センターは、「多重債務110番」を実施し、2008年度より多重債務問題を専門に受け付ける多重債務専門グループを設置して都内の弁護士会と司法書士会など関係機関の協力を得て、相談者を確実に法的専門家につなぐ「東京モデル」による相談受付を開始している。相談は、東京都消費生活総合センターで行われている。

　このように、多重債務者問題は、債務者一人の努力によって解決することは難しく、初期の段階で専門家に相談することが大切である。生活困窮状態を一時的に解消するために借金を繰り返す行為は、返済のあてがあるうちは問題ないように思えるが遅かれ早かれ元本の返済のための借り入れを行うこととなり、破綻をきたす場合が多い。

　逆説的にいえば、ギャンブルや遊興費を捻出するための借金であれば、ギャンブルを我慢することや収入相応の生活レベルを心がけることで多重債務に陥ることはないといえる。しかしながら借り入れを行った大部分の人々が通常の生活を維持するための目的であることから、貸し金業法の規制や闇金融の取り締まり強化は当然必要なことであるが、そもそも借金に頼らなくても普通の生活ができるような収入を確保できる方法を考えなければならない。

【東京モデルによる解決事例】

　生活費と医療費をキャッシングしたことがきっかけで多重債務に陥ったケース

【相談内容】
　20年くらい前から、生活資金が足りないときに少額のキャッシングをしていたが、滞りなく返済をしていた。夫が退職後に病気になり、通院費がかかるようになったことからキャッシングの額が増えた。返済額が増え、返済のためにキャッシングをするという悪循環に陥り、最終的に総額200万円の債務額になり毎月10万円を返済

第2章　都市貧困層の形成分析

しなければいけなくなった。どうしていいかわからず生きていくのがつらい。
(60代、女性)

【対　　応】
　センターから相談者に、「借金の問題」は必ず解決するので安心するように伝え、20年前からキャッシングをしているなら、利息制限法の引き直し計算をして、債務額を減らすことができる可能性があることを助言した。これまでのキャッシングの額と返済状況を債務整理表に書いて、法律専門家に相談するよう促したところ、相談者は、弁護士への相談を希望したので、希望の日時を聞き取り、弁護士会の相談窓口と日程調整した。相談者は、弁護士に相談、解決に向けて債務整理をすることになった。

出典：東京都報道発表資料から抜粋

(3) 離　婚

　離婚することによって貧困に陥る場合について考えてみたい。厚生労働省の人口動態総覧によれば、2012年度日本の離婚数は、235,406組であった。ちなみに同年の婚姻数は668,869組であった。図2-7の離婚件数の年次推移をみると、昭和45年までは10万組に満たない件数で推移していたが、その後、増加傾向となり2000年以降25万組を超えている。背景には、男女平等意識の浸透や女性の社会進出等が考えられるが、特に離婚後の女性について、中でも子どもを育てなければならないシングルマザーは貧困に陥りやすい。

　シングルマザーは、子どもが病気になると仕事を休まなければならないことや、保育園等に子どもを預けている場合、送り迎えによって労働時間が制約される。こうした面から雇用主にとっては、シングルマザーを雇う場合には及び腰になる場合が多い。

　「離婚した女性が貧困に結びつく主たる理由は、子育て期以降の女性の、労働市場における地位の低さにある」（岩田2007：148）と指摘されるとおりである。

　統計的にみると厚生労働省の調査（平成23年度全国母子世帯等調査結果報告）によれば、2010年の母子世帯の母自身の平均年間収入は223万円、母自の平均年間就労収入は181万円となっている。

　同調査によると、離婚後の養育費の取り決めについては、「取り決めをし

図2-7　離婚件数の年次推移　－昭和25～平成20年－

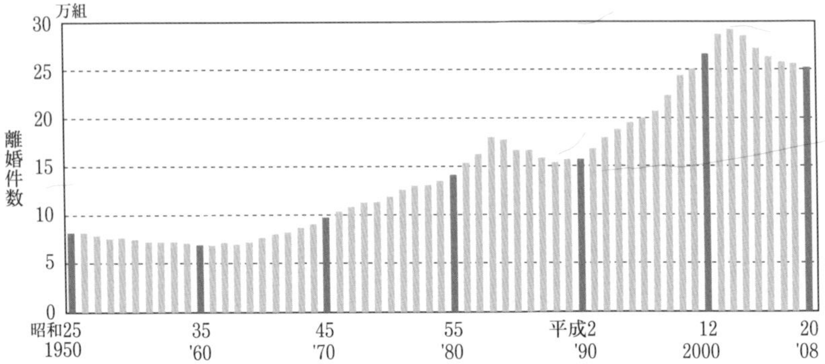

出典：厚生労働省　「平成21年度『離婚に関する統計』の概況」

ている」が母子世帯で37.7%となっている。

　また、「協議離婚」を選択した場合は「その他の離婚」と比較し、養育費の取り決めをしている割合が低くなっている。取り決めをしていない理由については、「相手に支払う意思や能力がないと思った」が48.6%と最も多く、次いで「相手と関わりたくない」が23.1となっている。幼い子を抱えながら一時でも早く夫と離れたいという心理から養育費の取り決めで離婚についての係争が長引くことを忌避するためこのような結果となっていると思われる。

　離婚した父親からの養育費の受給状況は、「現在も受けている」が19.7%で、平均月額（養育費の額が決まっている世帯）は43,482円となっている。2003年4月に、離婚した父親に養育費を支払う努力義務を課す改正母子寡婦福祉法が施行されたが、十分な効果を上げていない実情が伺える。

　母子世帯の母については、80.6%が就業している。就業形態は「パート・アルバイト等」が47.4%と最も多く、次いで「正規の職員・従業員」が39.4%となっている。母子世帯の母の大部分は就労しているが、その収入は前述のとおり223万円である。ちなみに厚生労働省の国民生活基礎調査（平成23年度）によれば、日本の全世帯の平均所得は538万円であり児童のいる世帯は658万円となっていることから、母子世帯の収入は全世帯の41%、児童の

いる世帯の33％という低水準である。

　ひとり親家庭で一定の条件を満たした場合に国から児童扶養手当が支給される。この制度は、ひとり親家庭の生活安定と自立を促進し子どもの福祉の増進を目的としている。

　支給額（2014年）は月額で、子ども1人の場合41,020円で2人目は5,000円、3人目以降は1人につき3,000円加算される。

　これ以外に、ひとり親家庭に限らず子どもが中学校修了（15歳に到達後の最初の年度末まで）まで支給される児童手当がある。

　支給額（2012年）は年齢によって異なり0〜3歳未満は一律15,000円、3歳から小学校修了までは、第1子、第2子が10,000円、第3子以降は15,000円となっている。中学生になると一律10,000円となる。

　前述のとおり母子世帯の母自身の平均年間収入は223万円、母自身の平均年間就労収入は181万円であることから、差額の42万円はこうした手当による収入と思われるが、この金額では不十分であると言わざるを得ない。

　そもそも、母子世帯の母親の働く環境整備そのものが不十分である。保育園の送り迎え、子どもの病気の時の対応等で、正規雇用は難しい。そこで、不安定な非正規雇用、パート・アルバイトを選択せざるを得ない。ボーナスは無いことが多くあってもごくわずかであり、社会保険、年金の加入も難しい場合が多い。

　母子世帯の数は、厚生労働省の全国母子世帯等調査によれば2011年の推計値で123万8千世帯となっている。

　同年の厚生労働省の福祉行政報告例によれば、生活保護世帯に占める母子世帯数は113,323世帯であることから、9割以上の母子世帯は生活保護に頼らず生活している。高額な養育費や親からの援助があればいままでの生活レベルを維持していけるが、統計を見る限りでは、大部分の母子世帯は生活保護も受給せず生活困窮状態にある。しかも、子どもが成長し、収入を得られるようになるまでの期間は長期にわたる。次代を担う子どもを健全に育成するためにも、母子世帯の何らかの公的な手当ての増額と働きやすい環境づく

りが求められる。

このように、ひとたび離婚すると子どもを引き取った女性は圧倒的に不利な生活を余儀なくされていることが、調査から見えてくる。

（4）非正規雇用

これまでの日本の雇用制度は一般的に「終身雇用」、「年功序列賃金」の大きな二本柱に支えられてきた。しかしながら、1990年代以降、長期化する不況から企業は体質強化を図るため大胆に人員整理を行った。また、1999年の労働者派遣法の改正によって、ほとんどの業種において労働者の派遣業務が原則自由化された。これを受け企業の側の雇用形態についても大幅に非正規雇用の割合が高まった。非正規雇用者に対しては、終身雇用の仕組みは無く、企業としては、契約期間が終了すれば、雇用関係を打切ることができるようになった。

そこで、90年代以降いわゆる「リストラ」等で職を失った人を、企業側は派遣労働者として雇うようになった。また、1970年代から1980年代初頭生まれのいわゆる就職氷河期世代も企業の多くが新卒者の採用を手控えたため人材は派遣労働に大量に流れていった。

図2-8をみると、1985年には16.4%であった非正規雇用者の割合が、2012年には35.2%まで上昇している。人数についても655万人が1,813万人と2.7倍以上の増加となっている。

このように、2012年の段階で、非正規雇用は労働者全体に占める割合の3分の1を超えており過去最高の水準となっている。

一部の優秀なエンジニアや専門的能力を持っている場合は、よりよい条件を提示する企業を渡り歩きキャリアアップしやすくなったが、大部分の労働者は該当しない。近年マスコミ等でも問題に挙げられることが多くなったが、非正規雇用の労働者は、契約期間満了とともに新しい職場を探すことを繰り返さなければならない。

そして、年齢が若ければ、就労先もあるが、中高年になると求人数は減少する。労働組合にも加入していない状態では、連帯して賃金アップを求める

第2章　都市貧困層の形成分析

図2-8　労働者に占める正規・非正規の割合と推移

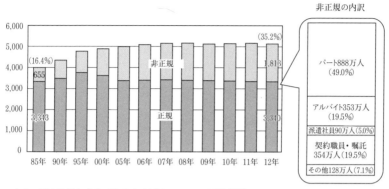

出典：厚生労働省「非正規雇用（有期・パート・派遣労働）」

こともできず、最低賃金法で定められた低い時給で、単純労務作業に従事せざるを得ない状況に陥っている。図2-9をみると分かるとおり正社員と非正社員との賃金の違いは明らかであり、すべての年齢層において、非正社員は正社員の賃金を下回っている。なおかつ正社員には見られる年功序列傾向が非正社員にはほとんど見られず、年齢に応じた賃金アップは望めない実態がわかる。

　非正規雇用者の大きな問題として、雇用契約中は「従順」さが求められ、業務を遂行する上の改善や効率性を語ることがタブーとされることがある。契約先の職員の指示を黙々とこなすことが当然とされ、これを守ることができないと契約更新する際に不利な扱いを受けることもありうる。こうした雇用環境の下で長年就労しているため派遣労働者は、十分なスキルアップを図ることができない。いわば、誰にでもできる仕事を低い賃金で請け負わされている。

　そして、正規雇用を希望しても年齢に見合ったスキルが身についていないため採用する企業は少ない。

　企業におけるOJTやOFF-JTの実施状況（図2-10）をみるとOJT、OFF-JTのいずれも非正社員に対する実施状況は正社員の半分以下にとど

97

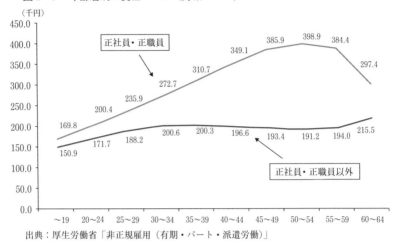

図2-9　年齢層別の賃金カーブ（月給ベース）

出典：厚生労働省「非正規雇用（有期・パート・派遣労働）」

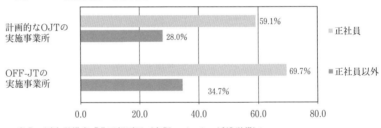

図2-10　教育訓練の実施状況

出典：厚生労働省「非正規雇用（有期・パート・派遣労働）」

まっている。

　厚生労働省の派遣労働者を対象とした調査によれば、43.2％が今後希望する働き方について「派遣ではなく正社員として働きたい」と回答している。年齢別にみると25歳から29歳までが52.5％と最も高くなっている。多様な働き方として派遣労働や非正規雇用を選択する人々がいる一方で、全体で4割以上、そして年齢別によっては5割以上が正規社員を希望していながら、何

（48）平成24年派遣労働者実態調査。

98

らかの理由によって非正規労働を続けている実態が分かる。

このように、非正規雇用者は、収入増を見込むことはできず、仕事に対するスキルアップも望めないまま低所得水準の生活を余儀なくされ、貧困状態が長期化している。

（5）抜け出せない要因

貧困に陥る要因として、傷病等、多重債務、離婚、非正規雇用等をあげた。では、貯金があり健康で、家庭内に問題がなく、正規採用社員であれば貧困に陥ることはないだろうか。少なくとも、そうした条件が整っている限り生活保護基準以下の生活を強いられる可能性は低いと思われる。

しかし、その条件が崩れると貧困リスクは確実に高まる。例えば50代の世帯主が、勤め先を解雇された場合、再就職先がすぐ見つかれば良いが、雇用保険の受給期間が終わり、失業が長期化し蓄えも無くなった場合、貧困状態に転落する。

このように一見貧困とは無縁に見える世帯でも悪条件が重なることによって貧困状態になる。そして、一度貧困状態に陥ると、そこから抜け出すことは困難を極める。いわゆる「貧困の固定化」といわれる現象である。

岩田はこうした状況を「『抵抗力』の強い体が病気を寄せ付けないように、人々の『備え』の大きさは、いわば貧困への『抵抗力』として、人々の生活を守る役割を果たす」（岩田2007：153）と分析している。「備え」としては、預貯金、不動産、保険といった貨幣的価値を有する資産や不測の事態に支援してくれる人的資源、そして社会の様々なリスク（例えば健康を維持する方法や防災に対する知識等）を回避する情報収集力も含まれよう。

こうした「備え」が不足している「不利な人々」の固定化を岩田は「『貧困という乗り合いバス』からなかなか降りられないだけでなく、社会的なさまざまな関係からも『アウト』されやすい状況に身をさらしているのである」（岩田2007：158）と結論づけている。

貧困状態に陥った人々に共通していえることとして、湯浅は「溜めが少ない」という表現を用いている。「溜め」の中身について、「預貯金」、「頼れる

家族・親族・友人」をあげ「溜め」が大きければ収入が減少したとしても十分対応できるが、「溜め」が少ない人々は急速に困窮状態に陥るとし「『貧困』とは、このようなもろもろの"溜め"が総合的に失われ、奪われている状態である。金銭的な"溜め"を持たない人は、同じ失業というトラブルに見舞われた場合でも、深刻度が全然違ってくる」（湯浅：80）と述べている。

　前述した国内における所得の不平等程度を測る指標としてジニ係数があるが、日本においては1984年以降一貫して数値が上昇していることから、確実に格差社会は進んでいるということがいえる。

第 3 章　都市貧困層の諸相

第 1 節　生活保護受給世帯

1　世帯数等

厚生労働省の「社会福祉行政業務報告」によれば、2011（平成23）年度の1か月平均の「被保護世帯数」は1,498,375世帯となっている。前年度に比べ88,326世帯（前年度比6.3％）増加した。2005（平成17）年度に100万世帯を突破し、その後も毎年増加し続けている。被保護世帯数を世帯類型別にみると、「高齢者世帯」が636,469世帯と最も多く全体の42.5％を占めている。次いで「障害者世帯・傷病者世帯」の488,864世帯（32.6％）、「母子世帯」113,323世帯（7.6％）となっている。（図3-1参照）

生活保護受給世帯の約半数は65歳以上の高齢者世帯である。これは、加齢に伴い収入が減少し生活に困窮するケースが多いことを示している。現在の国民基礎年金は、20歳から60歳になるまでの40年間納付した場合に満額とな

図3-1　世帯類型別被保護世帯数（1か月平均）

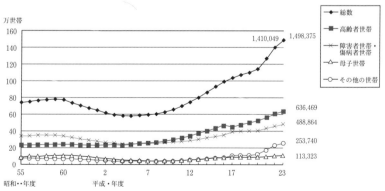

出典：厚生労働省　2011年度「福祉行政報告例の概況」

るが、65歳から支給される月額は2014年4月現在で64,400円であり、受給資格が発生する最低納付期間の25年しか納付しなかった場合は月額40,250円にすぎず、高齢者の生活保障としては足りない。こうした状況を見る限り、今の日本の社会保障制度は、高齢者の場合、年金以外の収入があるか、または一定の蓄えがないと生活費を補てんするために、生活保護を受給しなければならない状況である。

2　保護人員及び保護率

2011（平成23）年度の1か月平均の「被保護実人員」は2,067,244人で、過去最高になっている。保護の種類別に扶助人員をみると、「生活扶助」が1,871,659人と最も多く、次いで「住宅扶助」が1,741,888人、「医療扶助」が1,657,093人である。（図3-2参照）また、保護率（人口千対）は16.2（‰：パーミル）となっている。

貧困状態を端的に測る指標として「衣・食・住」の3要素がある。「衣と食」は、「生活扶助」で賄っており、「住」は「住宅扶助」ということになる。

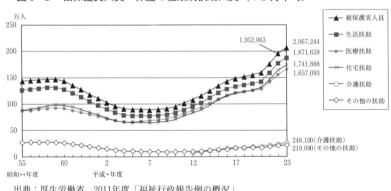

図3-2　被保護実人員・保護の種類別扶助人員（1か月平均）

出典：厚生労働省　2011年度「福祉行政報告例の概況」

（49）生活保護は、生活費の性格によって区分された8種類「生活扶助」「教育扶助」「住宅扶助」「医療扶助」「介護扶助」「出産扶助」「生業扶助」「葬祭扶助」の扶助により行われる。

第3章　都市貧困層の諸相

生きていく上で「衣と食」は当然として、住居の確保も大切であり、いわば最後の砦のようなものである。そこで、生活保護の扶助対象として「生活扶助」「住宅扶助」が用意されている。また、健康であるうちはある程度貧しくとも生活していけるが、何らかの病気やケガによって医療費がかさんでくると、まず食費を節約することとなり、賃貸住宅に住んでいる場合には、家賃の滞納という問題が生じてくる。その結果、今までの生活を継続することができなくなり貧困状態に陥ってしまう。

3　保護開始・廃止の主な理由

2011（平成23）年9月中の保護開始の理由をその割合でみると、「働きによる収入の減少・喪失」が27.8％と最も多く、次いで「傷病による」が27.6％、「貯金等の減少・喪失」が25.4％である。（図3-3参照）また、2011（平成23）年9月中の保護廃止の主な理由を構成割合でみると、「死亡」が29.8％、次いで「働きによる収入の増加」が16.7％、「失そう」が11.0％となっている。（図3-4参照）

保護開始の理由として、「働きによる収入の減少・喪失」が一番多いが、これは働いているものの、収入が減少、あるいは喪失してしまうことである。

図3-3　保護開始の主な理由別世帯数の構成割合

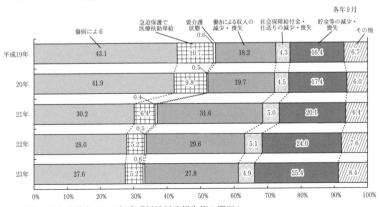

出典：厚生労働省　2011年度「福祉行政報告例の概況」

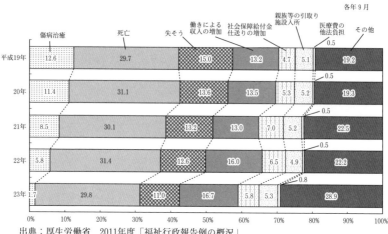

図3-4 保護廃止の主な理由別世帯数の年次推移

出典：厚生労働省　2011年度「福祉行政報告例の概況」

　具体的には、リストラにより転職を余儀なくされたり、零細企業を退職したものの、退職金や年金もなく収入の手段が途絶えた状況等であるといえる。そして、2番目に多い「傷病による」であるが、これは前述したとおり、病気やケガにより医療費がかさむようになり、家計を圧迫し生活が立ち行かなくなるということである。また、非正規雇用者の場合、傷病により仕事ができなくなるとほとんど保障はなく収入がストップし、貧困状態に直結してしまう。ちなみに保護開始理由を年次推移でみるとこの2つの項目は、2008（平成20）年と2009（平成21）年以降で順位が入れ替わっている。この背景には、2008年9月のリーマンショック（世界同時不況）があると考えられる。

　保護廃止の理由としては、死亡が約3割を占めている。生活保護を開始するときの理由は傷病が多く、高齢者世帯が約半数であることから、この結果はある程度説明がつく。いわば、病気等を契機に生活保護を受給した人は、死亡するまで生活保護の状態が継続する。また、収入増による保護の廃止は全体の16.7％にすぎない。この理由としては、生活保護受給者の大部分が高齢者や傷病者であることから、就労して自立し保護が廃止になるケースは少ないということと、前述した福祉事務所による水際作戦により、収入の増加

が見込まれる人の多くは、そもそも生活保護が受けられないということが考えられる。このように生活保護受給世帯の中に就労できる人は、始めから少ないといってよい。

4 東京都における生活保護の現状

東京都における近年の生活保護受給者は、2008年4月から一貫して増加している。主な要因としては、バブル経済崩壊以降の構造的な不況、高齢化の進展に伴う収入減、そして特に際立っているのが、2008年秋に起きた世界同時不況以降における失業者の増加である。

図3-5に示すとおり、2010年12月現在の都内の被保護人員は261,808人となっている。都内の人口が13,053,011であるから保護率は20.1‰（パーミル）である。

次に保護世帯類型であるが、表3-1が示すとおり、ここ数年の傾向として「高齢」、「障害」、「傷病」、「母子」の割合がすべて減少する中、「その他世帯」だけが約5.4ポイント増え、90.7%の増加率となっている。「その他世帯」とは、「高齢」、「障害」、「傷病」、「母子」以外の世帯であり、「派遣切り」等によって保護を開始した世帯が含まれる。いままでは、保護の申請をしても稼働年齢層（15歳から64歳）ということで保護開始に至らなかった人が、

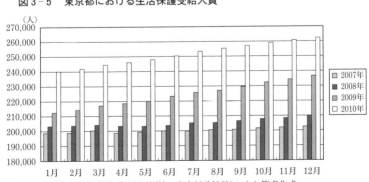

図3-5 東京都における生活保護受給人員

出典：東京都福祉保健局「月報（福祉・衛生行政統計）」より筆者作成

表3-1　東京都における被保護世帯類型

(世帯)

	高齢者世帯	割合	障害者世帯	割合	傷病者世帯	割合	母子世帯	割合	その他世帯	割合	計
2008年8月(a)	71,585	45.9%	16,634	10.7%	40,983	26.3%	10,126	6.5%	16,702	10.7%	156,030
2010年12月(b)	85,060	42.9%	19,429	9.8%	49,143	24.8%	12,576	6.3%	31,867	16.1%	198,075
(b)−(a)	13,475	−	2,795	−	8,160	−	2,450	−	15,165	−	42,045

出典：東京都福祉保健局「月報（福祉・衛生行政統計）」より筆者作成

「派遣村」や保護申請時に支援団体等が同行することで福祉事務所が柔軟に対応するようになったことが背景にあるといわれている。

5　措置にかかわる最近の動向（年越し派遣村以降）
（1）「年越し派遣村」とは

現代の日本社会においては、その存在をあまり知られていないが一定数の貧困層が存在している。しかも、これは現代社会の仕組みから構造的に発生しており自己責任という言葉では片づけられない事象である。そしてそうした人々が、日本社会に突如として現れたのが、2008年末の「年越し派遣村」である。これは、年越し派遣村実行委員会（NPO、労働組合、法律家等が中心となって設立）により2008年12月31日から翌年1月5日まで都立日比谷公園内で、居所を失った人々へ宿泊と炊き出しの提供を行った支援活動のことである。利用者数は、当初の予想を大きく上回り1月1日の夜には250人を超えた。実行委員会が用意したテントでは収容できず、凍死者が出かねない状況となった。そこで実行委員会から自治体の体育館や日比谷公園に隣接する厚生労働省内の講堂使用について申し入れが行われた。厚生労働省幹部の「厚労省の目の前で凍死者が出たら内閣が吹っ飛ぶ」（宇都宮、湯浅2009：8）という発言や一部政治家が動いたことで、1月2日の夜には厚生労働省の講堂が開放された。最終的には、500人を超える人が「派遣村」に集まり、そのうち299人が生活保護の申請を行った。日比谷公園のある千代田区に対しては234人が申請している。全体としては取り下げをした人が2人いただ

けで、297人が保護開始となった。都の幹部は「今回の生活保護の適用については、制度を逸脱したものだとはかんがえていません」と述べ、さらに「通常であれば一人ひとりの状況に応じて個別的な相談援助をするのですが、今回はそういう余裕がなく、個別的支援が不十分であったところが特徴的といえます(50)」とコメントしている。東京都福祉保健局の「福祉行政・衛生行政統計」によれば、2008年12月に千代田区で生活保護を受けている人は475人であった。そこに200人を超える保護申請があれば、コメントのような対応を取る以外に方法はなかったと思われる。保護申請者の状況として、約半数が50代以上となっており内訳は20代が18人、30代が66人、40代が81人、50代が90人、60代が39人、70代以上が5人となっていた。保護開始の理由としては、約6割が解雇等による失業となっており、失業した時の雇用形態は65％が「派遣・日雇」であった。(ホームレスと社会編集委員会2009：21) 稼働年齢層が85％以上を占め通常であれば生活保護申請が受理されにくいはずであるが、「派遣村」という大きな運動の中でマスメディアや社会の注目を浴びていたため申請受理という措置が取られたと思える。

(2) 東京都による「公設派遣村」

2008年末の「年越し派遣村」で"村長"を務めた湯浅誠は、2009年10月に内閣府参与となった。これは、同年の政権交代により副総理（当時）となった菅直人の要請によるものであった。一方、2009年においても景気は依然として回復しておらず、雇用環境も厳しい状況が続いていた。そうした中、湯浅は生活困窮者がハローワークや福祉事務所に何度も訪問しなければならない現状を改善するため、窓口を一本化するワンストップサービスを発案し、試験的に行われた。さらに国は2008年末の「年越し派遣村」のような事態を回避するため東京都に「公設派遣村」の開設を要請してきた。これを受け東京都は、2009年12月28日から2010年1月4日の間「年末年始生活総合相談」という事業名で東京都内の国立オリンピック記念青少年総合センターにおいて、健康・住宅・職業相談のほか、宿泊と食事の提供を行うことを決定した。

---

(50) ホームレスと社会編集委員会（2009：19-20）。

2008年末の「年越し派遣村」を大きく上回る860人が宿泊援助を受け、最終的には482人が生活保護を受給した。1月1日には鳩山首相（当時）も視察に訪れている。

(3)「派遣村」の効果について

2年続けて開設された「派遣村」であったが、1年目と2年目では世論にも変化が見られた。1年目は、日比谷公園という都会の中心で居所を失った労働者がテントで年を越す姿をマスメディアが大きく取り上げ、社会的にも同情を引く傾向であったが、2年目の「派遣村」の際には、一部の利用者が就労活動費を酒代等に充てたことが報道され、納税者からは批判的な意見が多くなった。また、「派遣切り」にあった人からは利用者の中にホームレスが一定割合いたことから、彼らと一緒にされたくないという声もあった。

しかしながら、ホームレスの中にも以前は非正規雇用社員として寮付きの会社で働いていたが、雇止めと同時に寮を追い出され「ネットカフェ難民」として不安定な日雇の仕事で食いつなぎ病気等何らかの理由で働けなくなりホームレスになった人も大勢いることも事実である。

いずれにしても、湯浅は貧困問題の課題として「可視化」を訴えている。「見えるようにさえすれば、誰も放置できない課題であることは明らかだから対応がなされる。見えるようにすること＝可視化が、貧困問題の解決に向けた第一歩となる」と述べそういう意味から「派遣村」は一定程度成功したと結論づけている（宇都宮、湯浅2009：5）。事実、山谷地域[51]における日雇労働者向けの越冬越年事業は、東京都が毎年行っているが、報道されることはまったくと言っていいほどないため事業自体知られていない。

二度の「派遣村」の効果として、前述したとおり生活保護受給の垣根は低くなったと言われている。そして第二のセーフティネットと呼ばれる住宅手当や貸付金、職業訓練等の制度が新たに充実されてきた。さらに一年目の

---

(51) 東京都の台東区と荒川区にまたがる地域で、戦後日本の高度成長を支えた日雇労働者等が多く集まる。年末年始は建設業等の仕事が激減するため簡易宿所に止宿できない労働者が発生する。

第3章　都市貧困層の諸相

「派遣村」では、登録したボランティアの数は1,600人を超え「派遣村」の人たちの相談に応じ適切な施策へ繋げる役割を果たした。このことは貧困者の立場からの支援が大切であるということを物語っている。生活困窮者への行政による従前の支援政策は「派遣村」によって様々な綻びが目立った。運営面から見れば、前述のワンストップサービス等、従来の画一的な支援では複雑化した生活困窮者のニーズに対応できないことや、行政と民間の役割分担の大切さが明白になった。制度面から見れば戦後50年以上セーフティネットとして機能してきた生活保護制度も現代の貧困には対応しきれていない面があることが分かってきた。

第2節　ホームレス

1　ホームレスとは

都市部で見かけるホームレスは、決して新しい問題ではなく、終戦直後の日本においては、女性や子どもを含め、巷にあふれていた。従来、日本においては、"乞食"、"浮浪者"と呼ばれていた。高度成長期を経て人々の生活が豊かになるのと同時に、その数は減少してきた。しかしながら、1990年代に入り不況が長期化するにつれ失業者が大幅に増加し都心部を中心にホームレスが増えてきた。ホームレスの顕在化が社会問題となり特に東京23区、大阪市、横浜市等の大都市に集中した。

ホームレスの呼称について渡辺は、①浮浪者、②住所不定者、③路上生活者、④ホームレス、⑤不定住的貧困者、⑥野宿生活者、⑦野宿労働者、⑧野宿者の8種類に整理し、①浮浪者は差別的な表現であり、②住所不定者、③路上生活者、④ホームレスは行政機関や行政文書で用いられておりマスメディアでも使用される。⑤から⑧までは、支援団体や研究者によって用いられてきたと分類している（渡辺2010：138-141）。

なお、本書においては、行政やマスメディアで使用される「路上生活者」、「ホームレス」という呼称を主に用いることとする。

現代のホームレスに対する市民の見方としては一般的に、公園、河川敷、

駅舎などでテントや段ボールを使用して起臥寝食している人々というイメージであろうか。また、怠け者、不潔、社会の脱落者と考えている市民も少なくない。

2002年8月、議員立法による「ホームレスの自立の支援等に関する特別措置法」が施行された。この法律でホームレスは「都市公園、河川、道路、駅舎その他の施設を故なく起居の場所とし、日常生活を営んでいる者をいう」と定義されている。

この定義について麦倉は「(日本の法律が使っている定義は)最狭義のホームレスの定義である。ホームレスとは、ホームのない人のことであり、狭義には、野宿をしている人、言い換えれば、野宿者(路上生活者)を指す。つまり、軒のない人びとのことである。しかしながら、広義には低い水準で居住している人をさす」(麦倉:162)と法律が定義するホームレスは限定的な解釈にとどまるという見解を示している。

ホームレス問題に取組んでいる憲法学者の笹沼は「ホームレス状態とはどのようなものか。それは、雇用、社会保障、住居、市民権保障一切から排除され、何ものによっても守られない状態である。公共空間に放り出され、全く無防備にされている」(笹沼:16)と定義している。

海外におけるホームレスの定義はどうであろうか。欧州委員会ではホームレス状態を"社会的排除の極限の状態(*Homelessness is perhaps the most extreme form of social exclusion.*)であるという理解(Council, 2001:64)を示している。

また、FEANTSA(ホームレスと一緒に活動する欧州連合会)によれば、ホームレス状態については以下における集団が含まれるべきとしている(FEANTSA:4 =訳 小玉・中村・都留ほか:19)。

- *People in acute homelessness: all people or households living without a private home.*
 (極度のホームレス状態にある人々:私的な住居をもたないすべての人々または世帯)
- *People threatened by acute homelessness: all people or households directly*

第 3 章　都市貧困層の諸相

threatened by the loss of a private home.
（極度のホームレス状態に陥る危険のある人々：私的な住居を失う危険が間近に迫っている人々または世帯）
- *People in housing exclusion: all people living in severe forms of housing exclusion such as overcrowding, bad quality housing, areas of urban deprivation.*
（住宅をめぐる排除の状態にある人々：過密住宅、質の悪い住宅、剥奪を受けた都市域での居住といった、住宅をめぐる排除の深刻な形態のもとで生活しているすべての人々）

このようにホームレスの人々やその状態については、日本の「ホームレスの自立の支援等に関する特別措置法」が定める定義より本来、広義な範囲を想定しなければならないと考える。いずれ見直しを行うことが求められるべきである。そうした前提のもと本節においては狭義のホームレスについて厚生労働省が2012年に実施した「ホームレスの実態に関する全国調査」（以下「全国調査」または「今回の調査」という）及びこの調査をもとに「ホームレスの実態に関する全国調査検討会」[52]において検証された結果（以下「調査検討会結果」という」）をもとに日本における現代のホームレスの現状について考察する。

2　ホームレス数

日本におけるホームレスの数は、年々減少傾向にある。2003年の調査では25,296人であったが、2007年には18,564人に減少そして、2012年の概数調査では9,576人となっており6割以上減少した。

都道府県としては、大阪府が最も多く2,417人、次いで東京都が2,368人となっておりその合計は全国の約半数を占めている。市町村別の状況としては、全1,742市町村のうち424市町村においてホームレスが確認された。そのうち

---

(52) ホームレスの自立の支援等に関する特別措置法等の見直しを検討するにあたり政策評価等の実施に必要なデータを得ることを目的として実施された。東京23区・政令指定都市（仙台市を除く。）及び2011年1月の概数調査において50名以上のホームレス数の報告のあった市を対象としている。約1,300人を対象に個別面接を実施した。

3自治体で500人以上、16自治体で100人以上となっている。10人未満は319自治体であった。

　ホームレスが減少した理由について厚生労働省は各自治体による支援策の効果によるものとしている。一方、ここで注意するべきこととして、この調査方法が目視による概数調査となっていることから移動することの多いホームレスの正確な実態を摑んでいるとはいえないという指摘もある。炊き出し等の支援を行っている団体からは、この調査は実態とかけ離れているという声が上がっている。その理由としては、近年、駅舎や公園等の公共空間からホームレスが排除される傾向があり見えにくくなっていることが考えられるという判断からである。

　「調査検討会結果」によれば、9,576人という数字について、ネットカフェや簡易宿所で寝泊まりしている人々や、家賃滞納者、派遣期間終了間近で会社の寮に住む社員、病院や刑務所から退院、出所しても行き場のない人々といった、広義のホームレスはむしろ拡大していると分析している。ホームレスの背後にはそうした予備軍がおりそこから流入、流出し、今回の全国調査はその一断面にすぎないと報告している。そうした背景を踏まえ、この全国調査の数字については、あくまで目安として考えたい。

3　居住実態

　ホームレスの生活している場所としては、「一定の場所で決まっている」が、1,115人（83.2％）、「決まっていない」が225人（16.8％）となっている。場所が決まっている者の具体的な場所は「河川」が一番多く29.0％、次いで「公園」が28.2％、「道路」が15.9％、「駅舎」が9.4％となっている。

　路上生活用の住居の形態としては、「廃材やダンボール、ブルーシートによるテント又は小屋を常設」が39.2％、「簡単に敷物（寝袋・毛布等）を敷いて寝ている」が27.7％、「ダンボール等を利用して寝場所を毎晩つくっている」が21.0％となっている。

　生活の場所として河川を選択する理由としては、人目につきにくく、近隣

からの苦情が少ないことが考えられる。公園は、日中は人目につきやすく居所としての安定性に欠ける面があるが、河川であればそれほど目立たないことから、比較的頑丈な小屋を作って生活している者も多い。小屋の中に発電機を持ち込み、電気製品を使用している場合や犬や猫を飼っている者もいる。

　ホームレスにとって毎晩寝る場所を確保することは大変なことである。併せて毛布、衣類、生活に必要な物そして貴重品を常に持ち歩くことを考えれば、河川で小屋を建てることは、そういった苦労から解放される。もちろん法律上は不法に占拠しているわけであるが、ある意味小屋があるホームレスは、狭義のホームレスには該当しないかもしれない。隅田川や荒川の河川敷に小屋掛けしている人と話すと、一般の住居がある人と変わらない部分が多い。その分、困窮性を感じない人が多いため行政をはじめとする様々な支援に乗らない人々でもある。

　河川で暮らす人々にとっての脅威としては、当然ながら台風や大雨による風水害があげられる。そうしたことから、常に天気の情報には気を配っている。隅田川河川敷で小屋掛けしている人の話では、台風が近づいてくると河川の管理をしている建設事務所の職員が声をかけに来てくれるという。よほどのことがない限り避難はしないそうであるが、以前台風が近づいてきた際、飼っている猫が異様な鳴き声を発したため避難したところ増水した川の水によって小屋の半分まで水に浸かったことがあったという。また、人目につきにくい分、嫌がらせを受けやすいこともある。ホームレス狩りと称して複数の若い学生から投石や放火等の嫌がらせを受けることがあるという。そのための自衛策として、小屋掛けも単独で孤立して立てることはせず、なるべく他の仲間と近い距離に立てるとのことであった。

　公園が多い理由としては、トイレがあり、水道も使えるからと考えられる。また、路上生活用の住居を作る際も樹木が柱の変わりとなり屋根としてのブルーシートを取り付けやすく、撤去もし易い。

　商店街で路上生活をしているホームレスの話をきいたところ、夜の10時ぐらいに店先を借りて寝ている。朝4時ぐらいに起きてダンボールをたたんで

その場を離れるようにしている。その際、店先をきれいに掃いて行くという。店主の側にしてみれば、店先に人が寝ていることで空き巣等の被害を受けることがなく、よい防犯対策になるという。このような関係性に基づいて路上生活をしているホームレスもいる。

　道路や駅舎等は、ホームレス歴が比較的短い人が多いようである。過去にホームレス経験をした人の話を聞いたところ、ホームレスになったばかりの頃は、路上生活用の住居を建てる技術もないし、襲撃されることが一番怖かったという。河川敷や夜の公園では、人目につかない反面、よく襲われるという。空き缶を投げられるくらいならまだしも、ダンボールに火をつけられたり、バットで殴られることもあるという。こうしたことから、かえって人通りのある道路や駅舎等を路上生活の場所に選ぶということであった。

4　年齢等

　平均年齢は、59.3歳で調査年ごとに上昇している。2003年は55.9歳、2007年は57.5歳となっており、ホームレスの高齢化がより一層進んでいることが分かった。

　年齢階層としては、図3－6のとおりである。50代以上が83％以上を占めており、日本のホームレスは男性の中高年齢層に偏っていることが分かる。会社の倒産やリストラ等によって収入の途が閉ざされ再就職もかなりの困難を強いられる年齢層といえる。

　年齢層別に見ると60歳から64歳までが最も多く25.4％を占めている。これも前述の平均年齢と相まって上昇傾向にある。2003年と2007年の調査では、55歳から59歳の層が最も多かったが、今回は一つ上の層が最も多かった。

　この年齢層は年金受給までは数年あり生活保護も大きな病気等がない限り稼働年齢層ということで申請受理に至らない場合が多い。誰にも頼ることができず、最後のセーフティーネットである生活保護制度も運用に問題があるため利用できず、ホームレス生活に陥らざるを得ない現実が推測できる。

図3-6　年齢分布

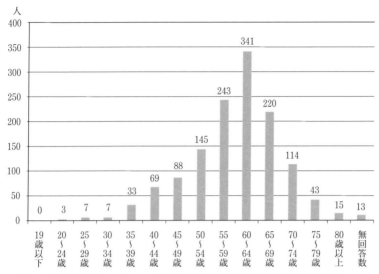

出典：厚生労働省「ホームレスの実態に関する全国調査　2012年」より筆者作成

5　ホームレスになる前の状況

（1）居住環境

ホームレスになる直前の居住環境については、図3-7にあるとおり、民間賃貸住宅が一番多く40.8％となっている。渡辺は住居の形態を①一般の住居（持家、民間賃貸、公営・公共住宅）、②仕事と関連した住宅（社宅や寮、住込み先、飯場）、③不安定な居住（親族・知人宅、ドヤ、ビジネスホテル等、病院、施設等）にグループ分けをしている。それに当てはめると2003年は①48.8％、②31.2％、③13.7％、2007年は①49.8％、②34.1％、③9.6％となっている（渡辺：129）。今回の調査では①52.2％、②33.1％、③13.8％となっており3回の調査すべて同じ順位で比率もほぼ同じ割合になっている。

この結果を見る限り、近年のホームレスは、安定した居所から不安定な居所を経て路上生活になるのではなく、持家や賃貸住宅からいきなり路上に放り出されていることが分かる。居所がある状態と無い状態では、その後の自

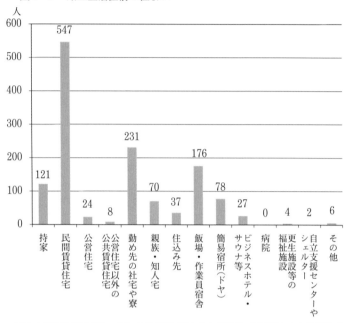

図3-7　路上生活直前の住まい

出典：厚生労働省「ホームレスの実態に関する全国調査　2012年」より筆者作成

立に向けての取組みも大幅に異なる。ホームレス問題は、就労による自立も去ることながら安定した居所を支援する方策が求められているのではないか。

（2）路上生活前の職業

ホームレスになる前の職業としては、図3-8のとおりである。

表を見てわかるとおり一番多いのが、「建設・採掘従事者」45.7％となっている。建設関連業の雇用形態には日雇い労働者が多く雇用の調整弁としての機能があることから不況になると真っ先に切り捨てられる層でもある。こうした理由からこの層からホームレスに流入してくる人々が多くいることが調査からも分かる。

しかしながら過去の調査と比較すると2003年は55.2％、2007年は47.8％となっており調査年ごとにその比率は下がってきている。雇用調整弁の機能は低下してきていると考えられる。その原因の一つに労働者派遣法（正式には

図3-8 ホームレスになる前の職業

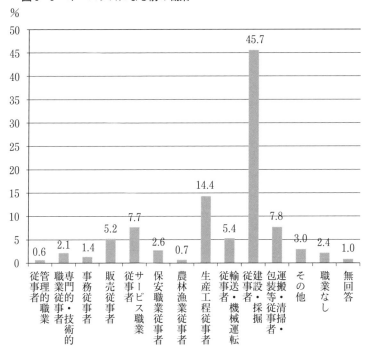

出典：厚生労働省「ホームレスの実態に関する全国調査 2012年」より筆者作成

「労働者派遣事業の適正な運営の確保及び派遣労働者の就業条件の整備等に関する法律」）の度重なる改正によってそれまでの終身雇用の形態が崩れ不安定な雇用が増加し、別の職種からの流入が増えたことが背景にあると思われる。

（3）路上生活になった理由

ホームレス状態に陥った理由としては、表3-2のとおりである。

一番多い理由は「仕事が減った」が19.8％と最も多く、次いで「倒産・失業」が15.8％、「病気・ケガ・高齢で仕事ができなくなった」が11.5％となっており、何らかの状況により仕事での収入が減少したことがほとんどの理由となっている。複数回答のため結果が分散しているが、ホームレス状態に陥

表3-2　路上生活になった理由（複数回答）

	人	%
倒産や失業	362	15.8
仕事が減った	454	19.8
病気・けがや高齢で仕事ができなくなった	264	11.5
労働環境劣悪なため、仕事を辞めた	81	3.5
人間関係がうまくいかなくて、仕事を辞めた	206	9.0
上記以外の理由で収入が減った	40	1.7
借金取立により家を出た	57	2.5
アパート等の家賃が払えなくなった	225	9.8
契約期間満了で宿舎を出た	42	1.8
ホテル代、ドヤ代が払えなくなった	64	2.8
差し押さえによって立ち退きさせられた	2	0.1
病院や施設などから出た後行き先がなかった	36	1.6
家庭内のいざこざ	96	4.2
飲酒、ギャンブル	102	4.5
その他	261	11.4
有効回答数	2,292	100.0
有効回答者数	1,334	99.5
無回答	7	0.5
合計	1,341	100.0

出典：厚生労働省「ホームレスの実態に関する全国調査　2012年」より筆者作成

るにあたっては、様々な要因が複雑に絡み合い当事者の努力だけでは解決できない状況になっていたことが考えられる。また、この結果を見る限り、ホームレス状態になる人は何か特別の理由があるからではなく、様々な要因が重なることによって誰でもホームレスになる恐れがあるともいえるのではないか。

6　路上生活の期間

　路上生活に陥ってからの期間は、表3-3のとおりである。一番回答数の多かった期間は「10年～15年未満」で23.3％となっている。ちなみに2003年は8.2％、2007年は17.3％となっており路上生活期間の長期化が新たな課題に

表3-3　初めて路上生活をしてからの期間

	人	%
1ヶ月未満	28	2.1
1ヶ月～3ヶ月未満	31	2.3
3ヶ月～6ヶ月未満	33	2.5
6ヶ月～1年未満	44	3.3
1年～3年未満	160	11.9
3年～5年未満	180	13.4
5年～10年未満	300	22.4
10年～15年未満	313	23.3
15年～20年未満	114	8.5
20年以上	113	8.4
有効回答数	1,316	98.1
無回答数	25	1.9
合計	1,341	100.0

出典：厚生労働省「ホームレスの実態に関する全国調査　2012年」より筆者作成

なっていると思われる。

　路上生活期間が長期化する弊害として、健康問題、家族関係の修復、再就職の条件等があげられ自立への可能性が狭まってくる。5年以上の路上生活者が62.6％を占めており、今回の調査では全国に9,576人いることから6千人近くのホームレスが5年以上屋外で生活している計算になる。ホームレスへの転落を防止するとともに長期化するホームレスへの支援を早急に検討する必要がある。

7　仕事と収入の状況

　現在仕事をしているかという質問に対しては、60.4％のホームレスが「している」と回答している（表3-4）。仕事をしているホームレスがどのような仕事をしているのかを聞いた結果が表3-5となる。7割以上が廃品回収と回答している。

表3-4　現在収入のある仕事をしているか

	人	％
している	810	60.4
していない	531	39.6
有効回答数	1,341	100.0
無回答	0	0.0
合計	1,341	100.0

出典：厚生労働省「ホームレスの実態に関する全国調査　2012年」より筆者作成

表3-5　仕事をしている者の仕事内容（複数回答）

	人	％
建設日雇	73	8.2
廃品回収（アルミ缶・段ボール・粗大ゴミ・本集め）	628	70.3
運輸日雇（運搬作業、引越し等）	22	2.5
その他雑業（看板持ち・チケットならび・雑誌の販売など）	25	2.8
その他	145	16.2
有効回答数	893	100.0
有効回答者数	808	―
無回答数	2	―
合計	810	100.0

出典：厚生労働省「ホームレスの実態に関する全国調査　2012年」より筆者作成

　収入月額（図3-9）としては、「10,000円〜30,000円未満」が最も多く20.6％、次いで「30,000円〜50,000円未満」が18.2％である。なお、仕事をしている人の平均月収は約35,000円であった。極貧状態の生活である。

　例えば、アルミ缶の回収料金は都内の業者で1キログラム100円前後になっている。350ml缶が約15ｇあることから35,000円の収入を得るためには23,300個以上のアルミ缶を回収する必要ある。毎日集めるとしても1日800缶近くの缶を集めなければならない。家庭から出る空き缶は、早朝に来る回収業者が収集するまでに集めなければならないばかりか自治体によっては資源ごみの持ち去りを禁止している場合もある。自動販売機横に設置してある回収ボックスは日中集めるには通行人の妨げになるので、夜間に集めなけれ

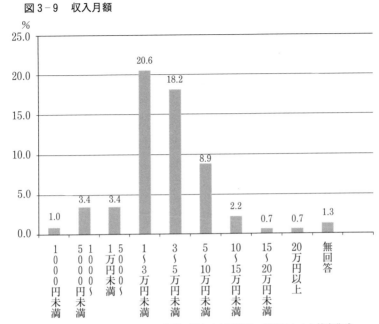

図3-9 収入月額

出典：厚生労働省「ホームレスの実態に関する全国調査　2012年」より筆者作成

ばならない。大変な労力である。

　横山源之助の『日本の下層社会』では、1897（明治30）年頃の東京の貧民の状況が克明に描かれているが、その中で廃品回収は、「屑拾い」とされている。「先ず貧民多数の稼業において最も余輩の注意を惹くは、（中略）屑拾いこれなり」また、「貧民中もっとも収入少なきものはそれ屑拾か」とある。横山においても「屑拾い」に一番関心がありその理由は、極貧状態であるとしている。さらに「屑拾いの社会に最も重んぜらるるは時なり、（中略）時とは拾いに出掛くる時間を言うなり。すなわち午前三時半ないし四時、寒夜床離れの難きを忍びて往還に出て、氷を結んで固く地に着けるを辛うじて拾い取り、傍ら人に後れざらんことを気遣いつつ慌々前を急ぐ」とある。当時の「屑」としては、「紙屑」「襤褸屑」とあることから、真冬の深夜に凍りついた地面から「屑」を拾い集める明治時代の貧民の悲惨な状況が伺える。そ

して、それから100年以上経過した現代においてもまったく同じ状態の人がいる。

　世間では、ホームレスは、仕事もしないで昼間から公園でゴロゴロしている存在と認識されているが、これは、大きな偏見であり誤解である。ホームレスの6割は何らかの仕事をしている。廃品回収等の都市雑業に従事している者は夜間10数時間にわたってアルミ缶等を回収している。それでも1日当たりの収入金額は千数百円にしかならない。明らかに最低賃金以下の状況であり、生活保護法が定める最低生活水準を大幅に下回る生活を余儀なくされている。

　　8　今後の生活について

　今後どのような生活を希望しているかという質問（図3-10）に対して、「今のままでいい（路上生活）」が一番多く30.2％、次いで「アパートに住み、就職して自活したい」が26.1％となっている。「アパートで福祉の支援を受けながら、軽い仕事を見つけたい」11.9％に「何らかの福祉を利用して生活したい」11.4％を加えると23.3％となる。

　このように大きくは①「今のままでいい」、②「福祉に頼らず自立したい」、③「何らかの支援を受けたい」という3つのグループに分けることができる。

　特に②、③については、行政による適切な支援に繋がることで、ホームレスが望んでいる方向へ誘導することが期待されるため、対象をよく見極めて支援策を講じていく必要が望まれる。

　そして、①の「今のままでいい」と回答した者へ更にその理由を質問したところ（図3-11：複数回答）、32.4％の者が都市雑業で生活していけると回答している。「今の場所になじんでいる」が25.1％おり、生活拠点と収入の方策があるため、それを失いたくないと考えている者が一定程度いると推測できる。なぜなら、福祉施策に沿って施設や寮に入所した場合、そのまま自立への道にステップアップできればよいが、もし何らかの理由で福祉施策から離脱した場合、生活拠点及び収入の手立てを再び構築するためには大きな

労力を必要とするからである。

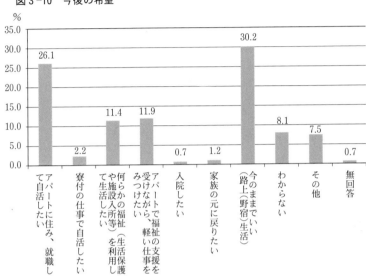

図3-10　今後の希望

出典：厚生労働省「ホームレスの実態に関する全国調査　2012年」より筆者作成

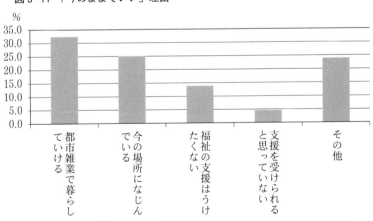

図3-11　「今のままでいい」理由

出典：厚生労働省「ホームレスの実態に関する全国調査　2012年」より筆者作成

第3節　住居喪失不安定就労者

1　住居喪失不安定就労者とは

　前述したとおり、近年、住居を失い、インターネットカフェやマンガ喫茶等に寝泊まりしながら、日雇派遣労働といった不安定な雇用形態で就業する人が都心部を中心に増えている。マスコミ等においては、ホームレスの一形態として、いわゆる「ネットカフェ難民」（以下、本書においても「ネットカフェ難民」の呼称を用いる）と紹介されることが多い。その実態については、厚生労働省が調査に乗り出し2007（平成19）年8月「住居喪失不安定就労者の実態に関する調査」(53)として報告された。

2　概数等

　報告書によれば、ネットカフェ等で週の半分以上寝泊まりする人は、全国で約5,400人いると推計されている。中でも東京、大阪、名古屋の大都市圏に7割以上が集中している。これは、ネットカフェの需要が都心部に多いため、低価格で利用できる店舗が多いことや、日雇派遣等の仕事へのアクセスの良さのためと考えられる。

　年齢的には、次のとおりである。

　表3-6から見ると、20代（26.5％）、30代（19.5％）、50代（23.1％）となっている。「インターネットカフェ」という形態から利用者は、比較的若い人が多いというイメージがあるが、統計から見る限り、40代以上が44.6％もいることが分かる。企業が採用抑制を図った時代に正規雇用への道が閉ざされた世代と倒産・リストラ等により職を失い正規職員としての転職がかなわなかった世代と一致する。性別では、調査対象住居喪失者の9割以上が「男性」であった（東京94.2％・大阪92.7％）。

---

(53) 本調査は厚生労働省が、緊急に実態を掌握するために実施したことからサンプル数が少なく個別面接調査については範囲が東京23区と大阪市内だけとなっている。

第3章 都市貧困層の諸相

表3-6 年齢層

年　齢	東京	大阪
19歳以下	0.4%	2.4%
20～24歳	15.2%	4.9%
25～29歳	12.5%	17.1%
30～34歳	8.0%	24.2%
35～39歳	5.8%	24.4%
40～49歳	20.5%	14.6%
50～59歳	25.0%	12.2%
60歳以上	12.5%	0.0%
	100.0%	100.0%

出典：厚生労働省2007年度「住居喪失不安定就労者等の実態に関する調査報告書」一部加工

3　住居喪失の理由

住居を喪失するに至った理由としては、「仕事を辞めて家賃等を払えなくなった」（東京32.6%・大阪17.1%）、「仕事を辞めて寮や住み込み先を出た」（東京20.1%・大阪43.9%）が多くあげられており、仕事を辞めたことが原因で住居を失ったとする者が過半数を占めている。次いで、「家族との関係悪化によって家を出た」者が東京13.8%、大阪12.2%となっている。インターネットカフェの利用料金は、1時間あたり数百円といった料金制を採用しているところが大半であるが、利用客が少なくなる深夜は、例えば「22時から翌朝6時まで1,500円」などとする店舗が多い。店内にはシャワーを設置している所もあり、飲み物等はすべて無料である。こうしたことから、住居を失った人が、住むところとして最後に選択する場所ともいわれている。また、住居を確保するに当たっての問題点としては、「住居入居初期費用（敷金等）の貯蓄の難しさ」が最も多くあげられている（東京66.1%・大阪75.6%）。次いで、「安定収入が無いために住居入居後に家賃を払い続けられるかどうか不安である」（東京37.9%・大阪58.5%）。また「入居保証人の確保の難しさ」を問題点としてあげる者も多い（東京31.3%・大阪24.4%）。

こうしたことから、具体的な支援策としては、①住居の確保、②正規雇用、③保証人の確保が考えられる。

4　生活状況

　就労状況については、派遣労働者が47.0％、無業者が20.5％、失業中が19.9％となっている。就業者の職種については、「建設関係」が最も多く（東京40.9％・大阪24.0％）、次いで、東京では「運転・運搬・倉庫関係」（13.5％）、大阪では「製造関係」（20.0％）が多い。平均月収額としては、東京で107,000円、大阪で83,000円である。こうした収入状況を見る限り、ネットカフェ難民は、明らかに生活保護水準以下の生活であり、病気等で日雇いの仕事ができなくなると、直ちにホームレス状態になる。50代になると日雇派遣労働もほとんど声が掛からなくなり、収入は激減する。ちなみにホームレスの平均年齢は50代半ばである。すなわち、長期間のネットカフェ難民生活を経てホームレスへ行き着くという現実がある。このように、一度ネットカフェ難民になると、仕事が不安定であり、定まった家がなく、ゆっくり休めない。常に緊張した生活を強いられる日々が続き、将来への展望も見出せなくなる。

第4章　支援政策の現状及び課題

第1節　生活保護制度

1　日本の社会保障制度

　国や自治体が市民の生活を守る仕組みの一つに「社会保障制度」がある。これは①社会保険、②社会福祉、③公的扶助、④保健医療・公衆衛生の4つの柱で成り立っている。この中でも公的扶助制度は他の制度と違い全額が租税によって賄われているのが、その特徴である。①の社会保険は有償のサービスであり、定められた保険料を納付していなければ受給が制限されるが、

図4-1　社会保障制度とは

社会保障制度は、国民の「安心」や生活の「安定」を支えるセーフティネット。社会保険、社会福祉、公的扶助、保健医療・公衆衛生からなり、人々の生活を生涯にわたって支えるものである。

① 社会保険（年金・医療・介護）

国民が病気、けが、出産、死亡、老齢、障害、失業など生活の困難をもたらすいろいろな事故（保険事故）に遭遇した場合に一定の給付を行い、その生活の安定を図ることを目的とした強制加入の保険制度

○病気やけがをした場合に誰もが安心して医療にかかることのできる医療保険
○老齢・障害・死亡等に伴う稼働所得の減少を補填し、高齢者、障害者及び遺族の生活を所得面から保障する年金制度
○加齢に伴い要介護状態となった者を社会全体で支える介護保険　など

② 社会福祉

障害者、母子家庭など社会生活をする上で様々なハンディキャップを負っている国民が、そのハンディキャップを克服して、安心して社会生活を営めるよう、公的な支援を行う制度

○高齢者、障害者等が円滑に社会生活を営むことができるよう、在宅サービス、施設サービスを提供する社会福祉
○児童の健全育成や子育てを支援する児童福祉　など

③ 公的扶助

生活に困窮する国民に対して、最低限度の生活を保障し、自立を助けようとする制度

○健康で文化的な最低限度の生活を保障し、その自立を助長する生活保護制度

④ 保健医療・公衆衛生

国民が健康に生活できるよう様々な事項についての予防、衛生のための制度

○医師その他の医療従事者や病院などが提供する医療サービス
○疾病予防、健康づくりなどの保健事業
○母性の健康を保持、増進するとともに、心身ともに健全な児童の出生と育成を増進するための母子保健
○食品や医薬品の安全性を確保する公衆衛生

※これらの分類については、昭和25年及び昭和37年の社会保障制度審議会の勧告に沿った分類に基づいている。

出典：厚生労働省HP「戦後社会保障制度史」

公的扶助は無償のサービスであるため一定の条件をクリアすれば誰でも受給できる。

本節では、公共サービスの中でも多くの市民に受給の権利が保障されている生活保護制度に着目し、それを実際に運用している福祉事務所及びそこで働くケースワーカーの現状と課題について問題提起する。

2 制度の目的と課題

生活保護法は、憲法第25条が規定する「国民は、健康で文化的な最低限度の生活を営む権利を有する」という条文の実現を目的としている。これは、生活保護法第1条に「この法律は、日本国憲法第25条に規定する理念に基き、国が生活に困窮するすべての国民に対し、その困窮の程度に応じ、必要な保護を行い、その最低限度の生活を保障するとともに、その自立を助長することを目的とする」との規定からも明白である。

この原理は制度の根幹として重要な考えであるが、武藤によれば、もう一歩立ち入って考えるべきだと指摘している（武藤1997：2-3）。つまり、第25条にのみ生活保護法の根拠を求めた場合「最低限度の生活」が強調されることになってしまうという懸念である。憲法第11条で「国民は、すべての基本的人権の享有を妨げられない。この憲法が国民に保障する基本的人権は、侵すことのできない永久の権利として、現在及び将来の国民に与えられる」とあり、この基本的人権は憲法12条で「国民の不断の努力によって、これを保持しなければならない」と定められている。すなわち「基本的人権の尊重」が「最低限度の生活」より優先されるべきである。

続いて、憲法第13条で「個人として尊重される」、「生命、自由及び幸福追求」について規定され、それらを具体化するために第14条以下の個別の規定につながると考えられる。憲法第3章は「国民の権利及び義務」の構造として、その他に「勤労・納税の義務」も規定されている。とりわけ実社会において、「勤労」、「納税」の義務がなかば強制されている以上、それと同等に「基本的人権の尊重」が権利として国民に付与されると考えるべきである。

第4章　支援政策の現状及び課題

「いうまでもなく、幸福追求権の一環として生活保護を位置づけるならば、むしろ『健康で文化的な』が強調される最低限度の生活の保障として機能しなくてはなりません」（武藤1997：2）とあるとおりである。こうしたことを普遍化することで、生活保護受給に対するスティグマを払拭することができ被保護者に対する劣悪な環境を強いる行為が防止できると考える。

3　基本原理と課題
（1）国家責任による原理

生活保護法においては、4つの基本原理が定められている。第一は、法第1条で規定する「国家責任による原理」である。これは生活困窮に陥った国民については国が保護するという原理である。また、第1条に併記された「自立を助長することを目的とする」という条文については、保護を受けることによって生じるいわゆる「惰眠」を防止する意味ではなく、「『最低生活の保障』と対応し社会福祉の究極の目的とする『自立の助長』を掲げることにより、この制度が社会保障の制度であると同時に社会福祉の制度である所以を明らかにしようとした」（小山1951：84）とされている。しかしながら、保護適用の現場において、本来の主旨とは違った形で運用されてきたこともあった。すなわち「自立の助長」が目指すところを「保護廃止」と短絡的に結び付け、被保護者の生活状況を掌握しないまま経済的自立を優先させる処遇が行われたことも多く見受けられる。近年は、「自立」の概念も新しい考え方が示され、必ずしも経済的な自立に捉われるのではなく「半福祉半就労」というスタイルを志向することも大切である。

（2）保護請求権無差別平等の原理

保護法第2条では、国民に保護請求権を認めた上で、生活困窮状態に陥った要件を問うことなく保護受給できることが定められている。「これは何等かの意味において社会的基準から背離している者を指導して自立できるようにさせることこそ社会事業の目的とし任務とする所であって、これを始めから制度の取扱対象の外に置くことは、無差別平等の原則からみて最も好まし

くない所だからである」(小山1951：106)と説明されている。旧生活保護法においては、「生計の維持に努めない者」、「素行不良な者」等は保護に値しないとして取り扱われていたが、最低生活保障という観点からは好ましくないことから新法においてはこれを改め、急迫した事由がある場合には、一旦保護を開始し、その後適切な指導・指示をしていく方法が執られるようになった。すなわち、貧困状態に陥った理由を問わず、年齢等の制限も一切なく、生活に困窮していれば、どのような人であれ保護を開始することとなった。

（3）最低生活保障の原理

保護法第3条では「この法律により保障される最低限度の生活は、健康で文化的な生活水準を維持することができるものでなければならない」と規定されている。これは憲法第25条を実現するための条文であり、保護基準の具体性を担保したものである。その基準について、「単に辛うじて生存を続けることを得せしめるという程度のものであってはならない」(小山1951：115)とされている。ここで、問題になるのが、「最低生活」がどの程度のものなのかということである。これは、その国の「貧困基準」を示すことにつながり社会全体における他制度の様々な最低生活水準の基礎データになる。

現在の生活保護制度で採用されているのが、「水準均衡方式」である。1983（昭和58）年12月の中央社会福祉審議会生活保護専門分科会は、「今日における最低生活の保障の水準は、単に肉体的生存に必要な最低限の衣食住を充足すれば十分というものでなく、一般国民の生活水準と均衡のとれた最低限度のものでなければならない」と報告した。さらに、総理府（当時）の家計調査によれば、①現在の生活扶助基準は、一般国民の消費支出との均衡上ほぼ妥当な水準に達している、②生活扶助基準の改定にあたっては当該年度に想定される一般国民の消費動向を踏まえると同時に前年度までの一般国民の消費水準との調整を図る必要があるという意見具申もあった。水準均衡方式は、これを受けて導入され現在に至っている。

その方式は、一般世帯の生活水準の変動に対応するという観点から、それまで採用されてきた「格差縮小方式」と同じように、予算編成時に公表され

表4-1　一般世帯と被保護世帯の1人あたり消費支出格差の推移
（東京都　月額）

年度	一般勤労世帯a	被保護労働者世帯b	格差b／a
1967年	18,017円	9,360円	52.0%
1977年	58,259円	34,054円	58.5%
1987年	79,530円	54,360円	68.5%
1997年	100,743円	69,048円	68.5%
2007年	94,332円	72,132円	76.5%

出典：厚生労働省「ナショナルミニマム研究会（第6回）」資料より筆者作成　一部加工

る政府経済見通しの国民の生活水準の伸びを基礎として、前年度までの一般世帯の消費支出水準の実績などを勘案して生活保護基準の改定率を決定し調整を行う方式である。この方式が導入されたことにより、一般世帯の生活水準の変動に速やかに対応するかたちで生活保護基準が改善されるようになった。その基準は、一般国民の消費水準の約60～70％になるように設定されている（表4-1参照）。

いずれにしても貧困基準の測定は、国民の生活水準や時代における社会的な考え方によって変化してきたが、人間が社会的・文化的な存在として、人としての尊厳を保つ最低生活を保障する基準が維持されることが肝要である。

（4）保護の補足性の原理

法第4条には「保護は、生活に困窮する者が、その利用し得る資産、能力その他あらゆるものを、その最低限度の生活の維持のために活用することを要件として行われる」と規定されている。この原理は、保護を受ける者が最低限守るべき条件を定めたものである。生活保護制度が国民の税金で賄われていることから、このような規定も否定できない一面はある。しかしながら、法案を策定した小山自身が「『資産、能力その他あらゆるものを』の『あらゆるもの』は、資産、能力だけでは表現し尽くせぬものがあるので用いたが、この言葉は各方面で評判が悪く、この規定全体の与える印象が極めて暗いものになっていると批判されているが、この点衷心から心苦しく感じている次第である」（小山1951：119）と述べている。この条文を額面どおり受け入れ

るならば、保護を受けるにあたっては、資産を売却し預貯金もすべて費消し最低生活が維持できない状態に陥らないと申請ができないことになる。失業や傷病等により一時的に収入が減少した世帯が保護を受給した場合、収入状況が改善し保護から脱却したとしても必要なストックは全て処分していることから不安定な生活を余儀なくされる。第5章でも触れるが、「高齢者」、「障害者」といった者と経済的自立の可能性が高い者とは、この規定については相いれないと考える。

　また、同条第2項には「民法に定める扶養義務者の扶養及び他の法律に定める扶助は、すべてこの法律による保護に優先して行われるものとする」とある。旧生活保護法においては、これを保護受給の資格に関連させていたところだが、新法においては、これを避け単に民法上の扶養が生活保護に優先して行われるべきだという建前を規定するだけとなった。すなわち、旧法においては、扶養義務者に一定の資力があれば現実に扶養しているかどうかを問わず保護は支給されなかった。新法では、仮に扶養義務者に資力があったとしても、扶養義務者が扶養を断れば保護の実施機関は保護をしなければならないこととなった。実務的には保護申請の際に、福祉事務所から申請者の扶養義務者に対して「扶養照会」が行われている。申請者の立場から論じれば、生活保護の申請をするまでに、親兄弟をはじめ親戚等に援助の依頼をしてきたケースが多く、それでも生活が立ち行かなくなっている状態であることから、民法上の扶養義務者とはそもそも関係性が切れている人が少なくない。そうしたことから、この「扶養照会」を極端に厭うケースが多いばかりか、保護申請そのものを拒絶してしまうこともある。「なお、単に民法上の扶養といい、英国や米国の例に見られるように生活保持の義務に限定しなかったのは、我が国情が未だ其処迄個人主義化されていないからである」（小山1951：120）とあることから、家族の関係性が比較的に強かった時代からそれが弱くなった現代では、扶養照会について再考の余地があると言えるのではないか。

第4章　支援政策の現状及び課題

4　保護の体系
（1）要否判定

生活保護は、申請時の収入が、国が定めた最低生活費と比較して、それに満たない場合に、最低生活費から収入を差し引いた差額が保護費として支給されることになる。

ちなみに東京23区内における単身者（41歳〜59歳：居宅基準）の生活保護費（月額：2010年）は，食費や被服費等の個人単位の経費が38,180円（Ⅰ類費）、光熱水費等の世帯単位の経費が43,430円（Ⅱ類費）、住宅扶助費が53,700円（上限額）となり合計135,310円となる。申請時の月収が、これに満たない場合、生活保護が受給できる。

図4-2　保護の要否判定

申請時の収入が国が定めた「最低生活費」に満たない場合、差額が支給される。

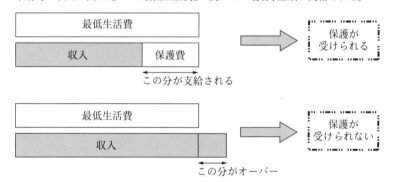

出典：生活保護制度研究会（2009：18）より筆者作成　一部加工

（2）保護の種類

生活保護の扶助の種類としては8種類に分類されており、被保護者の生活状況に応じて支給される。（表4-2参照）

（3）費用負担

生活保護制度は、全国一律の制度であり、自治体における業務の位置づけも「法定受託事務」（国が行う事務）とされている。しかしながら、被保護者に払った費用については、国が全額負担する仕組みにはなっておらず、自

133

表4-2 生活保護の扶助の種類

生活を営む上で生じる費用	扶助の種類	支給内容
日常生活に必要な費用 （食費・被服費・光熱費等）	生活扶助	基準額は、 (1)食費等の個人的費用 (2)光熱水費等の世帯共通費用を合算して算出。 特定の世帯には加算があります。 （母子加算等）
アパート等の家賃	住宅扶助	定められた範囲内で実費を支給
義務教育を受けるために必要な学用品費	教育扶助	定められた基準額を支給
医療サービスの費用	医療扶助	費用は直接医療機関へ支払 （本人負担なし）
介護サービスの費用	介護扶助	費用は直接介護事業者へ支払 （本人負担なし）
出産費用	出産扶助	定められた範囲内で実費を支給
就労に必要な技能の修得等にかかる費用	生業扶助	定められた範囲内で実費を支給
葬祭費用	葬祭扶助	定められた範囲内で実費を支給

出典：厚生労働省HP「生活保護制度」

治体が4分の1を負担することとなっている。厳密にいえば自治体負担分については、地方交付税で戻ることになるが、不交付団体や標準とされる額より多く支出した自治体は持ち出しになる。また、自治体の負担のうち居住地が無い被保護者の場合は、都道府県の負担となる。

5　生活保護制度を司る福祉事務所の運営体制
（1）「福祉事務所」設置に関する根拠法令

　生活保護を運営する機関として、「福祉事務所」が設置されている。社会福祉法第14条で「都道府県及び市（特別区を含む。以下同じ。）は、条例で、福祉に関する事務所を設置しなければならない」と規定されている。法律上の名称としては、「福祉に関する事務所」となっている。都道府県及び市は条例で設置が義務付けられているのに対し、町村は同条第3項で「条例で、その区域を所管区域とする福祉に関する事務所を設置することができる」と

なっていることから設置は任意である。ちなみに、町村が設置している福祉事務所は2013年4月1日現在、全国で42箇所となっている。

こうしたことから、町村が設置しない地域については都道府県が福祉事務所を設置している状況である。東京都の場合、瑞穂町・日の出町・檜原村・奥多摩町の4町村が存在するが、その地域を所管区域とする「東京都西多摩福祉事務所」を設置している。なお、島嶼部については、都の支庁（大島・八丈・三宅・小笠原）において福祉事務所の業務を行っている。

(2) 福祉事務所の組織

厚生省（当時）は、1953（昭和28）年に「福祉事務所運営指針」を策定し、①生活保護法、②児童福祉法、③身体障害者福祉法の福祉三法の適正執行を図るため福祉事務所組織のあり方を示した。しかしながら、当時の福祉事務所の業務の実態は、生活保護の運営が大部分を占めていた。

その後、1960（昭和35）年に精神薄弱者福祉法（現・知的障害者福祉法）、1963（昭和38）年に老人福祉法、1964（昭和39）年に母子福祉法（現・母子及び寡婦福祉法）が新たに成立し、福祉事務所は、これらの福祉六法を担当する実施機関となった。このように業務が大幅に拡大されたことから、生活保護業務以外の福祉五法の実施体制を強化する必要性に迫られた。そのため、福祉五法担当職員の増員が図られ、福祉六法に対応するための福祉事務所として再編整備された（岩田2005：159）。

その体制を確立するため、1970（昭和45）年に厚生省社会局長及び児童家庭局長の連名通知「福祉事務所における福祉五法の実施体制の整備について」が各都道府県知事及び指定都市市長あてに出された。それまでの、福祉事務所は、庶務課と保護課の2つの課が設置されており、身体障害者福祉司、知的障害者福祉司、老人福祉指導主事がそれぞれ保護課内で独立して置かれケースワーカーの指導にあたっていた。新たな通知においては、福祉六法を生活保護法とそれ以外の五法に分け、生活保護法については、従来どおり保護課が所管し、新たに福祉課を設置し福祉五法を所掌することになった。これにより、身体障害者福祉司、知的障害者福祉司、老人福祉指導主事は福祉課に

所属することになった（岩田2005：159）。

（3）業務内容

福祉事務所の業務内容は、設置者によって異なる。市町村（特別区を含む）が設置する福祉事務所の場合、社会福祉法第14条第6項の規定により、①生活保護法、②児童福祉法、③母子及び寡婦福祉法、④老人福祉法、⑤身体障害者福祉法、⑥知的障害者福址法の各法で定められている援護、育成又は更生の措置に関する事務のうち市町村が処理することとされているものを所掌する。

都道府県が設置する福祉事務所の場合は、同条第5項の規定により、①生活保護法、②児童福祉法、③母子及び寡婦福祉法の各法に定める援護又は育成の措置に関する事務のうち都道府県が処理することとされているものを司るとされている。

前述したとおり町村は福祉事務所の設置が任意とされていることから設置していない町村については、都道府県の福祉事務所が取り扱わない①老人福祉法、②身体障害者福祉法、③知的障害者福址法の各法に定められた事務を行うことになる。

また、法制定時、福祉事務所は都道府県や市役所の本庁舎とは別の独立した庁舎として運営がなされる予定であった。しかしながら、自治体の財政状況等から独立した機関とすることが難しかったため、社会福祉法の前身である社会福祉事業法の附則9において、「事務所の長は、当分の間、第十六条（服務の専任）の規定にかかわらず、当該都道府県又は市町村の社会福祉に関する事務をつかさどる他の職を兼ねることができる」という経過規定が設けられた。そしてこの経過措置が、現在まで続いており、多くの自治体において、福祉事務所という名称にも関わらず、実態としては、本庁舎内の高齢、障害、児童、生活保護等の各所管課を統合する形態が福祉事務所と呼ばれており福祉所管部長が福祉事務所長を兼任している場合が多い（宇山：99）。

（4）配置される職員

福祉事務所に配置される職員は、業務内容によりそれぞれ異なる法律で規

定されている。生活保護業務においては、社会福祉法第15条で①指導監督を行う所員、②現業を行う所員、③事務を行う所員が定められている。指導監督を行う所員は、同条第3項で「所長の指揮監督を受けて、現業事務の指導監督をつかさどる」とされており通常、査察指導員と呼ばれている。現業を行う所員は、同条第4項で「所長の指揮監督を受けて、援護、育成又は更生の措置を要する者等の家庭を訪問し、又は訪問しないで、これらの者に面接し、本人の資産、環境等を調査し、保護その他の措置の必要の有無及びその種類を判断し、本人に対し生活指導を行う等の事務をつかさどる」とされており通常、ケースワーカーと呼ばれている。査察指導員及びケースワーカーは、共に「社会福祉主事」でなければならない。

　ケースワーカーの定数としては、同法16条で、都道府県の設置する福祉事務所では、被保護世帯の数が390世帯以下であるときは6人とし、被保護世帯数が65世帯を増すごとに、これに1人を加えた人数とし、市の設置する福祉事務所においては、被保護世帯数が240以下であるときは3人とし、被保護世帯数が80を増すごとに、これに1人を加えた人数、町村の設置する福祉事務所においては、被保護者世帯数が160以下であるときは2人とし、被保護世帯数が80を増すごとに、これに1人を加えた人数とされている。このように、都道府県設置の場合1人あたり65世帯、市町村の場合1人あたり80世帯とされている。この数は、1999（平成11）年の地方分権一括法に伴う社会福祉事業法の改正時に、"法定"数から"標準"数へと変更された。

6　担い手の確保と育成を阻む要因

（1）職員の専門性について

　査察指導員及びケースワーカーに求められる「社会福祉主事」とはどのような資格なのか。社会福祉法第19条では、「社会福祉主事は、都道府県知事又は市町村長の補助機関である職員とし、年齢20年以上の者であって、人格が高潔で、思慮が円熟し、社会福祉の増進に熱意があり、かつ、次の各号のいずれかに該当するもののうちから任用しなければならない」と規定されて

表 4-3　社会福祉主事の資格に関する科目

社会福祉概論、社会保障論、社会福祉行政論、公的扶助論、身体障害者福祉論、老人福祉論、児童福祉論、家庭福祉論、知的障害者福祉論、精神障害者保健福祉論、社会学、心理学、社会福祉施設経営論、社会福祉援助技術論、社会福祉事業史、地域福祉論、保育理論、社会福祉調査論、医学一般、看護学、公衆衛生学、栄養学、家政学、倫理学、教育学、経済学、経済政策、社会政策、法学、民法、行政法、医療社会事業論、リハビリテーション論、介護概論

いる。条文中の"次の各号"の主なものに、大学で厚生労働大臣が指定した科目のうち、3科目以上履修し卒業したものという項目がある。いわゆる"3科目主事"と呼ばれる資格者である。指定科目は、**表4-3**のとおりである。

　福祉系の大学にしか設定されていない科目が多くあるが、文科系の大学の一般教養科目で設定されているものもある。例えば経済学部の学生が、「経済学」、「民法」、「経済政策」を履修した場合、それだけで「社会福祉主事」の任用資格を得ることになる。専門性の確保という面からは、問題があるといえるのではないだろうか。

　また、「年齢20年以上の者であって、人格が高潔で、思慮が円熟し、社会福祉の増進に熱意があり」という規定があるが、実際に福祉事務所の現場を見ても、福祉系ではない大卒新規採用職員が、最初に福祉事務所のケースワーカーとして配置されることも決してめずらしくない。年齢要件はクリアしても、他の要件に合致しているかどうかはいささか疑問が残る。若いからいけないということではないが、生活保護受給者の大半は高齢者であり、受給に至るまでの間において、解決できない多くの問題を抱えた人も多いことから、そういう被保護者の相談業務に携わるには、法律が規定する社会福祉主事として本来の要件を備えた職員が対応するべきと考える。

　さらに、厚生労働省の「福祉事務所現況調査（平成21年）」（**表4-4**）によれば、全国の福祉事務所において、社会福祉主事任用資格を保有している割合は査察指導員で74.6％、ケースワーカーで74.2％という状況であった。

第4章　支援政策の現状及び課題

表4-4　福祉事務所職員の資格取得状況

区　　分		社会福祉主事		社会福祉士		精神保健福祉士	
		査察指導員	現業員	査察指導員	現業員	査察指導員	現業員
生活保護担当	資格取得者数(人)	1,937	10,299	80	641	7	66
	取得率(%)	74.6	74.2	3.1	4.6	0.3	0.5

(参考)査察指導員総数　2,596人　現業員総数　13,881人
出典：厚生労働省「平成21年　福祉事務所現況調査」より筆者作成　一部加工

査察指導員、ケースワーカーともに4人に1人が資格を所持していないということになる。

(2) 経験年数

査察指導員及びケースワーカーの福祉事務所における経験年数はどの程度であろうか。厚生労働省の調査（表4-5）によれば、査察指導員としての経験年数については、1年未満の者が26.3％となっており1年以上3年未満の者は38.8％であった。すなわち3年未満の者が65.1％という結果である。ケースワーカーの場合、経験年数1年未満の者の割合は、全現況員のうち25.4％も占めている。福祉事務所内においては、4人に1人が生活保護業務を初めて行う職員ということになる。

そして、東京都の報告書『生活保護を変える東京提言』によれば査察指導員のうち、ケースワーカー経験のない者の割合は、2007年度で31.1％となっている。一般的に、査察指導員は係長級であり職員としての経験はベテランと思われるが、生活保護業務についてはケースワーカーの経験がなく経験年数も短い職員が配属されている状況である。ケースワーカーを指導監督すべき立場にあるのが査察指導員であることを考えるとこうした人員配置の実態は、何らかの対応が求められるのではないか。

こうした原因の背景として生活保護業務の職場は人気がないことから、それぞれの職層で配属を希望する職員が少なく一旦配属されても他部署への異動を訴える職員が多いことが考えられる。吉永によれば「俗に、自治体職員の行きたくない職場は、『NHK職場』（納税のN、福祉のH、国保のK）な

表4-5 生活保護担当の経験年数の状況

区分	生活保護担当査察指導員				
	総数	1年未満	1年以上3年未満	3年以上5年未満	5年以上
実数(人)	2,596	684	1,007	448	457
構成比(%)	100.0	26.3	38.8	17.3	17.6

区分	生活保護担当現業員				
	総数	1年未満	1年以上3年未満	3年以上5年未満	5年以上
実数(人)	13,881	3,526	5,262	2,880	2,213
構成比(%)	100.0	25.4	37.9	20.8	15.9

出典:厚生労働省「平成21年 福祉事務所現況調査」より筆者作成 一部加工

どと言われているが、そのような状態を放置していては、改善する意欲とスキルのある職員配置は期待できない」(吉永:19)と述べている。生活保護業務を希望する職員の需給バランスは崩れている状態といえる。

被保護者への支援は対人援助技術等のソーシャルワーク技法を用いる必要があるところ、現実には経験や知識が乏しいばかりか不本意ながら業務を遂行せざるを得ないという逆の人員配置がなされているといっても過言ではない。

このような状況では、生活困窮者に対するアドバイスが適切に行われているかどうか疑わしくなってしまう。さらに被保護者の側から見れば担当のケースワーカーの技量や熱意に差があることは、その後の自立への方向性に影響を及ぼす。公平性が求められる行政サービス上あってはならないことではないだろうか。

(3) ケースワーカーの数

近年、生活保護受給者は急増しており2013年7月時点で制度発足後、最多の158万8,521世帯となった。受給者数は215万8,946人であった。最少であった1995(平成7)年の受給者数が88万2,229人であったことから2.44倍になっている。主な要因としては、バブル経済崩壊以降の構造的な不況、高齢化の進展、そして特に際立っているのが、2008年秋に起きた世界同時不況以降に

おける失業者の増加である。この被保護世帯の増加に伴いケースワーカーの不足が深刻化している。

　前述のとおりケースワーカーの定数は、1999（平成11）年の地方分権一括法に伴う社会福祉事業法の改正時に、"法定"数から"標準"数へと変更された。このため、世帯数に応じて厳密に守られていたケースワーカーの数が守られなくなった。ケースワーカーの人件費については、地方交付税交付金の算定基礎とされているが、自治体によっては、それを他の予算に回すことも可能であり、必ずしもケースワーカーの増員につながっていない実態がある。

　都政新報社の調査（都政新報2010年5月14日付）によれば、2010年度に東京23区の福祉事務所において生活保護関連で職員定数の増員を実施したのは14区となっている。江戸川区や豊島区においては生活保護を所管する課が増設され体制が強化された。行政改革が叫ばれ職員定数の増加が困難を極めるにも関わらずこれだけの増員を措置するのは大変稀なケースといえる。日本経済新聞社の調査（日本経済新聞2010年3月10日付）によれば、墨田区においては、被保護人員の増加のため1人のケースワーカーが133世帯を担当している。社会福祉法の規定からするとこの数は標準数の1.66倍となっている。被保護者の訪問や相談に応じることはもとより新規申請の対応も含めると、職員の業務量は増大している。さらには、ミーンズテスト（資力調査）にかける労力も奪われ不正受給の発見が遅くなる弊害も生じている。

　こうした状況下、福祉事務所内においては職員に余裕がなくなり、ベテラン職員から経験の浅い職員へノウハウの引継ぎを行うことも困難になり後継の職員が育たない職場環境に陥っている。福祉の仕事は、いうまでもなく人間相手の仕事であり、一朝一夕に人材が育つことはない。査察指導員やベテラン職員からのアドバイスで相談援助技術を磨く必要があるがその仕組みが機能していない。その結果、職員の育成はもとより、さまざまな社会資源を駆使し被保護者を自立に繋げる取組みも疎かになっているのではないか。

7　生活保護制度における課題

社会保障制度のひとつである生活保護制度は、1950（昭和25）年に成立し、日本におけるセーフティネットとして重要な役割を果たしてきた。主な受給者層は加齢、傷病、失業等によって収入が減少した世帯である。近年、高齢化や社会構造の変化により収入が最低生活水準を下回る世帯が増加し、その結果、保護受給世帯は過去最多となっている。[54]

生活保護法の目的は憲法で規定された生存権の保障と自立の助長である。しかしながら成立後60年以上が経過しており、現代の生活困窮者に本制度を適用しようとした時、そこには矛盾や限界が発生するようになってしまった。

本節においては、生活保護制度を概観したうえで、現状における課題を抽出したところである。第5章において、本制度の改善するべきところについて、法制度の面から、そして制度を運用する職員の専門性の観点から論じることとする。

第2節　ホームレス自立支援システム

1　自治体の取組み及びホームレス自立支援法について

従来の自治体におけるホームレス支援策としては、福祉事務所に来所したホームレスに対し必要に応じて、食糧（主にカンパン）・衣類・毛布等の現物支給や、求職活動に伴う交通費等を貸与してきた。ホームレスとの関わりを避ける傾向の強い福祉事務所になると「山谷に行けば何とかなるから」と言われ、片道の交通費を渡され窓口から追い返されるケースもあったという。

これらはいわゆる"法外貸し付け"と呼ばれるもので、生活保護法上で予算措置されたものではなく自治体独自の財源によるものである。そのため、どの行政機関でも消極的にならざるを得ず、ホームレスに対する施策は、緊急避難的な応急援護が中心であった。路上生活者に生活保護が適用される場合には、病気やケガのために救急搬送で入院した場合に限って、急迫した状

（54）生活保護受給者数は2013年7月現在、215万人を超えており、2011年に過去最高を更新して以降増加傾向が続いている。

況にあるとして医療扶助のみが適用されることが少なくなかった。そして、ホームレスが退院すると同時に生活保護は打ち切られてきた。

　このように、ホームレスに対する支援は対症療法的な支援にとどまり、自立に寄与する積極的な支援とは言い難い取組みであった。

　しかしながら、1990年代に入り不況が長期化するにつれ失業者が大幅に増加し都心部を中心にホームレスが増えてきた。ホームレスの顕在化が社会問題となり特に東京23区、大阪市、横浜市等の大都市に集中した。

　こうした現状を踏まえ、東京都と23区の特別区は、1994年に「路上生活者問題に関する都区検討会」を設置し、ホームレス対策を始めた。2000年7月に都知事と特別区の区長の間で「路上生活者対策事業に係る都区協定書」が締結され、同年11月に自立支援センター「台東寮」及び「新宿寮」が開設した。2001年8月に「路上生活者対策事業に係る都区協定書」が改正され自立支援センター等による自立支援システムが構築された。

　一方、国においても2002年に自民、公明、保守の与党三党による「ホームレス問題に関するワーキングチーム」が設置され、同年8月に議員立法による「ホームレスの自立の支援等に関する特別措置法」（以下、「ホームレス自立支援法」という）が公布施行された。

　これは日本で初めてのホームレスの自立支援と防止の支援を規定した法律となるが、10年間の時限立法とされた。なお、期限の到来する2012年6月に5年の延長が決定された。理由は「ホームレスの自立の支援等に関する施策を引き続き計画的かつ着実に推進するため、ホームレスの自立の支援等に関する特別措置法の有効期限を五年延長する必要がある」とされている。

　この法律の特徴のひとつに、国は自治体の協力を得てホームレスの実態に関する全国調査を実施しホームレスの自立支援等に関する基本方針を策定することになっており、さらに都道府県はホームレスに関する問題の実情に応じた施策を実施するため必要と認められるときは、基本方針に則し、実施計画を策定するとともに、市町村は基本計画及び都道府県の実施計画に則し、実施計画を策定しなければならない旨規定されている。このようにホームレ

スの支援に関して国や自治体の責任を明記している。

　主な目的は、自立の意思があるホームレスに対し、安定した雇用の確保や職業能力の開発による就業機会の拡大、住宅への入居の支援等による安定した居住の場所の確保等となっており、併せて生活に関する相談を実施することで自立を促そうしている。

2　ホームレス自立支援システム

（1）自治体による設置状況

　2012年度末、表4-6のとおり全国の10自治体によって自立支援センターが運営されている。

表4-6　自立支援センター設置自治体

自治体名	箇所数	定員(人)
東京都	6	680
熊本県	1	10
仙台市	1	50
横浜市	1	250
川崎市	4	182
名古屋市	2	164
京都市	1	30
大阪市	5	440
北九州市	1	50
福岡市	3	66
総数	25	1,922

出典：厚生労働省HP「平成23年度ホームレス対策事業運営状況調査」

（2）都区共同事業の状況

　東京都のホームレス自立支援システムはどのようになっているであろうか。東京都福祉保健局が発行している「東京ホームレス白書Ⅱ（2007年度）」に基づき考察する。

　23区内を5ブロックに分け、各ブロックに「緊急一時保護センター」、「自

立支援センター」を各1か所ずつ計10施設設置した（図4‐3参照）。

　各施設の運営期間は5年間とし期間終了後はブロック内の他の区が順次設置している。こうした時限措置を講ずる最大の理由は、両センターともいわゆる"迷惑施設"であり、近隣からの反対がかなり強いからと考えられる。新たに施設を設置したにもかかわらず、施設によって5年後にはすべて取り壊している。

　システムの流れとしては、以下のとおりである。

【第1ステップ】
　「緊急一時保護センター」に入所させ、路上生活からの早期の社会復帰を促進するために、ホームレスを一時的に保護し、心身の健康回復と意欲や能力等を調査し、総合的な評価（アセスメント）実施する。入所期間は原則1ヶ月となっており、主な支援内容としては、①宿所・食事・日用品・衣類・運動靴等の提供、②入浴・洗濯設備の提供、③医師による健康相談・感染症のチェック、④多重債務等の法律相談、⑤職業相談員による職業ガイダンスとなっている。

　入所者の平均年齢は52歳で、60歳以上が24％となっている。ホームレス生活期間は3カ月未満の人が多く48％となっている。退所者の状況は、第2ステップの自立支援センターへの移行が一番多く46.6％、次いで生活保護を受給して施設等に入所した人が19.1％となっている。任意または無断で退所した者が11.5％、任期満了で退所した者が11％となっている。

【第2ステップ】
　緊急一時保護センター利用者のうち、就労意欲があり、かつ心身の状態が就労に支障がないと認められる者を対象として「自立支援センター」に入所させ、就労による自立を支援する。ここでは、利用者が、地域において安定した生活を営むことができるよう自立プログラムを作成する。就職が決まった入所者は、センターから仕事に通う。利用期間は、原則2ヶ月であるが、

図 4-3　23区（5ブロック）における設置状況

路上生活者対策施設の設置スケジュール

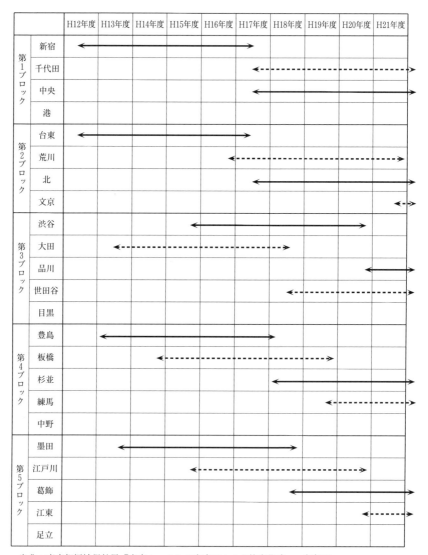

出典：東京都福祉保健局「東京ホームレス白書Ⅱ」より筆者作成　一部加工

就労の可能性のあるものは1ヶ月に限り延長可能となっている。

　主な支援内容としては、①宿所・食事・日用品・衣類・運動靴・革靴等の提供、②入浴・洗濯設備の提供、③センター内での職業相談・ハローワークへの登録援助、④国が実施する技能講習事業を導入し、各種技能の習得、資格・免許の取得により職域拡大の支援、⑤借金問題等の法律相談、⑥住民票登録の助言や失踪宣言されている場合の戸籍の回復等となっている。

　退所者の状況は、住宅を確保し就労自立した者が35.2％、住み込みにより就労自立した者が16.1％と51.3％が就労による自立をしている。しかしながら期限内の自立が困難となり退所した者が12.6％、規則違反等（飲酒、集団生活できない、無断または自主退所）が35.2％あった。無断退所は給料が入ったことで自立支援センターに見切りをつけた利用者も一定程度存在したと思われる。

　就労自立した利用者の主な就職先の業種は、「管理・警備（工事現場の交通整理を含む）」が18.2％、「清掃関係」が14.3％、「建築・土木」が13.9％となっている。

【第3ステップ】
　自立支援センターから就労により民間アパート等に移行した場合や、住み込みにより就労自立した元利用者に対しアフターケアを実施する。元利用者の居所を訪問し、慣れない地域におけるアパートでの生活を維持していくために健康管理・金銭管理・貯蓄奨励や職場の人間関係を含めて、就労を継続していくことについて助言・指導を行い地域での生活を継続できるようサポートする。

　このように、ホームレスの社会生活への復帰を支援し、①就労自立（都営住宅、アパート等）、②半福祉半就労（宿泊所等）、③生活保護（居宅、施設、入院）を目標としている。

　なお、自立支援システムにかかる2007年度の予算額は表4－7のとおりである。

表4-7 ホームレス対策にかかる予算額（2007年度）

項　　目		金額(千円)	負担割合(%)
緊急一時保護センター運営		932,465	
	国負担	260,065	27.9
	都負担	336,200	36.1
	特別区負担	336,200	36.1
緊急一時保護センター整備		174,679	
	都負担	87,340	50.0
	特別区負担	87,339	50.0
自立支援センター運営		909,508	
	国負担	218,910	24.1
	都負担	345,299	38.0
	特別区負担	345,299	38.0
自立支援センター整備		16,888	
	都負担	8,444	50.0
	特別区負担	8,444	50.0
合　　計		2,033,540	
	国負担	478,975	23.6
	都負担	777,283	38.2
	特別区負担	777,282	38.2

出典：東京都福祉保健局「東京ホームレス白書Ⅱ」より筆者作成　一部加工

（3）都区共同事業による成果

　東京都の報告（都区共同事業によるホームレス対策の現状について）によれば2000年から2013年の間で自立支援システムを利用した者の状況として、緊急一時保護センターに入所した者が33,373人となっている。そして、15,641人が自立支援センターへと進み、民間アパートでの就労自立が5,288人、住込みで就労自立した者が2,221人となっており、最終的に就労自立できた者は、7,636人となっている。緊急一時保護センターに入所した割合から見ると、22%の自立率といえる。ホームレスのうち自立支援システムを利用した場合、約4人に1人が就労によって、路上生活から脱却できたことになる。この数字を少ないと見るか多いと見るかは議論の分かれるところであるが、

第4章　支援政策の現状及び課題

行政が行った施策として効果は大きかったといえるのではないか。なお、「就労による自立」とならなかった者にも、生活保護が適用になって入院や施設入所等となった者もいる。

3　ホームレス全国調査から見た課題

（1）利用状況

「ホームレスの実態に関する全国調査」によると自立支援センターの利用状況については、「知っており、利用したことがある」が138人（10.3％）、「知っているが、利用したことはない」726人（54.4％）、「知らない」471人（35.3％）となっている。

この結果を見る限り、自立支援センターを知っている者は、64.7％となっており認知度は高いが知っていながら利用しない者の割合は8割を超えており、ホームレスにとって自立支援センターはほとんど利用されていないといってもよいかも知れない。

別の角度から見れば、自立支援システムの構築から10年以上経過しており、既に自立できるホームレスはセンターを利用して自立してしまった。すなわち何らかの理由によって自立支援システムに乗らないホームレスが路上に取り残されてしまったと考えることができるかもしれない。

（2）認知度

「ホームレスの実態に関する全国調査検討会」において検証された結果（以下「調査検討会結果」という」）によると図4-4のとおり、年齢別にみると、年齢が低いほど「知っており、利用したことがある」と回答した割合が多かった。

なお、自立支援センターは都市部の自治体の施策であるため、35％以上のホームレスには知られていないということが分かった。

自治体別の実態については「調査検討会結果」から詳しくみると図4-5のとおりである。東京23区、大阪市、横浜市、名古屋市の四大都市を含めた自立支援センター実施自治体においては、75.3％の認知度となっているが、

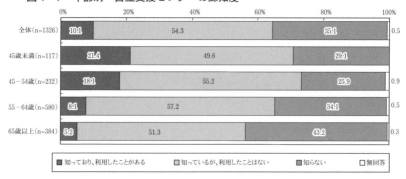

図4-4　年齢別　自立支援センターの認知度

出典：ホームレスの実態に関する全国調査検討会「平成24年『ホームレスの実態に関する全国調査検討会』報告書」

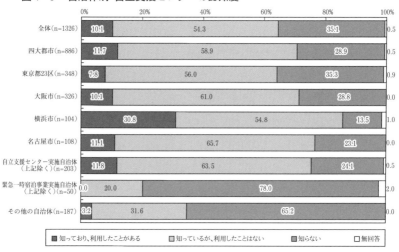

図4-5　自治体別　自立支援センターの認知度

出典：ホームレスの実態に関する全国調査検討会「平成24年『ホームレスの実態に関する全国調査検討会』報告書」

その他の自治体においては、34.8％の認知度にとどまっている。

さらに、「知っているが、利用したことはない」と回答した者のうち「今後、自立支援センターを利用したいか」と尋ねたところ「思う」が113人（15.6％）、「思わない」が610人（84.4％）という回答であった。

第4章　支援政策の現状及び課題

(3) 年齢別にみた利用希望状況

自立支援センターを知っているが利用はしたことがない人に対して、利用の意向を確認したところ年齢が35歳未満の者は72.7％が利用したいと考えている一方、55歳以上の層では「思わない」人が9割近くになっている（図4-6）。

これは、（1）の利用状況でもみたとおり、高齢層や路上生活期間が長期化しているほど、支援施策を受けない人が多く、自立支援センターで自立に結びつかなかった人からの情報等によって、利用する前から敬遠していることも考えられる。

一方、年齢が比較的若く、路上生活経験が短いほど自立支援センターの利用を希望する者が多い結果となった。建築・土木の現場は、肉体労働であり体力の差が物を言うことから若い層であれば建築現場等での仕事も可能であり就労に結びつくことが多いが、50歳代後半になると極端に少なくなってしまうのが実情である。そうしたことから、自立支援センターを利用して一時的には自立できたとしても継続して働くことが難しく再び路上生活に陥ってしまう人々もいる。

その上で、自立支援センターにおける支援の内容について、誤解や正しく認識されていない場合があるかもしれないことから行政機関には今後、ホームレスに自立支援センターを伝えていく広報活動が求められる。

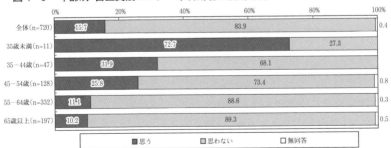

図4-6　年齢別 自立支援センター未利用者の利用意向

出典：ホームレスの実態に関する全国調査検討会「平成24年『ホームレスの実態に関する全国調査検討会』報告書」

4　当事者や支援団体等から見た課題
(1) 当事者からの意見

筆者がフィールドワーク等において確認した結果、自立支援センターに対する課題について当事者からの声は、①相部屋が嫌である。②期間内に就職を決めなければならない。③団体生活であり自由が利かない。④自立ができなかった場合、元の路上生活場所に戻りづらい。といった意見が多かった。

①については、プライバシーを考慮した際、個室が望ましいところであるが地価の高い大都市ではそれは、困難と言わざるを得ない。ほぼ全ての自立支援センターは、カーテンでの仕切りはあるものの数人の相部屋での生活となっている。

②については、一定の目標を定め就労活動を行うことが前提となっており、時期によっては、自立支援センターの入所を待っているホームレスもいることから、期限を定めての運営となっている。これが、利用者にとっては、就労を急かされている感がぬぐえず、結果として期限内に仕事が見つからず退所せざるを得なかったパターンも発生している。

③については、①と重なる部分が多いが、特に自立支援センターでは飲酒は認められておらず、また、気の合わない利用者とも長期間、団体生活を送る必要があることから、それに耐えられず、退所してしまうケースも多いという。

④については、自立支援センター入所前に小屋等で路上生活をしていた人にその傾向が高い。自立支援センター入所に際しては、それまでの小屋をたたみ日常生活に必要な物も処分せざるを得ない。なぜなら、自立支援センターで利用者個人に与えられたスペースには限りがあるからである。自立支援センターでの自立が叶わなかった場合、再び小屋を構えて日常生活に必要な物を揃えるのは大変である。また、缶集め等の都市雑業で生計を立てていたホームレスの場合、効率的に缶を集めることができた場所が他のホームレスに奪われてしまうこともある。

第4章　支援政策の現状及び課題

　以上の理由から、自立支援センターを利用することを躊躇しているホームレスが一定程度いることがわかった。

（2）支援団体及び研究者からの指摘

　ホームレス自立支援法の第11条には、「公共の用に供する施設の適正な利用の確保」として「都市公園その他の公共の用に供する施設を管理する者は、当該施設をホームレスが起居の場所とすることによりその適正な利用が妨げられているときは、ホームレスの自立の支援等に関する施策との連携を図りつつ、法令の規定に基づき、当該施設の適正な利用を確保するために必要な措置をとるものとする」という規定がある。この条文に対しては、多くの路上生活者支援団体がその削除を求めている（小玉2003：56）。

　憲法学者である笹沼は「本法案の制定過程においてもっとも厳しい批判を浴びたのが、11条のいわゆる『適正化』条項であるが、本条が公園等公共施設で起居しているホームレスの人々をその意思に反して退去させる（排除）権限を国や地方公共団体など施設管理者に付与したものであるとすれば、本条は不当にホームレスの人々の人権を侵害するものであって憲法に違反し無効となる」（笹沼：162）と厳しく指摘している。そして「11条によって最低限明らかなことは、自立支援策により安定した住居の保障をおこなわない限り、たとえ法令の規定に基づいておこなうものであっても、ホームレス当事者の意に反して退去を要求することはできない」（笹沼：169）とその運用について留意するよう述べている。

　一方、自立支援センターによる支援にうまく乗らないホームレスに対して、鈴木も「自立支援事業ではカバーできない対象者に対しては、それ以外の施策を模索する必要がある」（鈴木：22）と述べており、現行の自立支援システムにおける就労を目指した自立のあり方からの転換が求められている。具体的には「半就労・半福祉」といったスタイルで完全な経済的自立を追及しない仕組みの構築が適切であると考える。

　また「現行の自立支援センター自体にも改善の余地が大きいことは言うまでもない。例えば、動物や家族の問題、生活の自由度の確保や個室化といっ

た思い切った方策が検討に値するし、再路上化を防ぐためのアフターフォローや生活サポートについても予算化し、強化していくべきである」(鈴木：22)と指摘している。前述の当事者からの視点での課題でもあったとおり、団体生活が苦手なホームレスが一定程度いることがわかっている。そうした人々の中には、一度、自立支援センターを利用したが失敗した人も多く、その結果、路上生活が長期化している。これからの自立支援システムはホームレスの再路上化と長期化を防ぐことを検討する必要がある。

（3）設置運営者からの問題提起

自立支援センターを特別区と共同で運営する東京都自身が「東京ホームレス白書Ⅱ」において、その課題について言及している。

（課題）
1　利用期間が2か月（最大4か月）であり、就労意欲が高くても、以下の要因により安定就労自立までつながらないケースもでています。
①　常用雇用には保証人が必要とされますが、元ホームレスは、保証人がいない場合が大半です。臨時的雇用により、雇用者の信頼を得て常用雇用になることを目指しますが、安定的な生活になるまでに時間がかかります。
②　常用雇用されても、給与の支払いが就労時から1か月後から1か月半後であり、すぐに民間アパートでの自立生活は困難です。
③　就労自立すると、就職支度金と一時金が支給されますが、ある程度貯金がないと、生活がすぐ破綻します。
④　民間アパートを借りるにも保証人が必要です。保証人がいない場合は、保証協会に保証金を支払い、保証してもらうこともできますが、経費がかかります。
⑤　多重債務によりホームレスに陥った人は、法律相談等により解決を図っていますが、入所期間2か月間での解決は困難です。
2　常用雇用されても、職場での人間関係をなかなか構築することがで

きず、相談相手も少なく、退職してしまうことがあります。またセンターによるアフターケアを拒否する人もいます。
3　センターの設置場所の確保が、困難になってきています。

出典：東京都福祉保健局「東京ホームレス白書Ⅱ」より抜粋

5　今後の方向性について

　都区共同事業におけるホームレス対策としては、さまざま課題を踏まえたうえで、新しいシステムを構築している。大きな改正ポイントとしては、現在各ブロック内に別々に設置されている「緊急一時保護センター」と「自立支援センター」を一本化し「新型自立支援センター」として同一施設内に併設することになった。これは、今まで別の地域にそれぞれ建てられていたのをまとめることで、スムーズに支援が行えることが予想できる。また、課題でも指摘されていた設置場所の確保が困難になっていることも理由の一つにあげられるのではないか。

　そして、新システムにおいては、利用者の就労自立を強化するため就労が確保された者に対して借上げ式の「自立支援住宅」を提供し地域生活への移行を円滑に進めようとしている。これも課題として多く指摘されていた、利用者のプライバシー確保や団体生活を忌避する傾向がある者の対応として効果的であると考える（図4-7）。

　さらに、自立支援事業の終了者を対象として、定期的に訪問相談等のアフターケアを展開し、再路上化を防止する取組みを実施することになった。これは経済的な自立を達成し民間アパート等に入居し地域での生活を開始した利用者でも人とのつながりが途切れてしまうと地域で孤立してしまうケースも多い。このアフターケアによって、引き続き日常生活を送る上でのアドバイスや就労を継続するための励まし等を行うことで安定して地域で生活していけることが可能になるのではないか。なお、都区共同事業における新システムは2010年以降順次整備していく予定となっている。

図4-7 東京都による新型自立支援センター

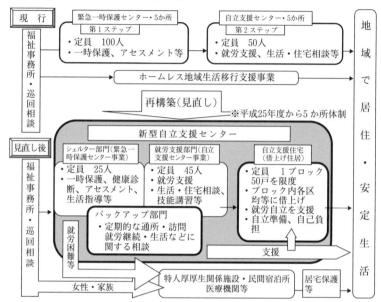

出典:東京都「ホームレスの自立支援等に関する東京都実施計画(第2次)」

第5章　求められる支援政策

第1節　新たな公的扶助制度の枠組み

1　国庫負担割合の変更

　生活保護費に関する財政負担の問題について述べたい。生活保護制度は、全国一律の制度であり、自治体における業務の位置づけも「法定受託事務」とされている。しかしながら、被保護者に支弁した費用については、国が全額負担する仕組みにはなっておらず、自治体が4分の1を負担する。これは、地域住民の福祉は、地元自治体も一定程度負担することが背景にあると考えられるが、近年の生活保護申請の急激な増加に伴い、その負担が自治体財政に重くのしかかっている。

　厳密にいえば自治体負担の4分の1については、地方交付税の基準財政需要額に算入される。すなわち一旦支給したうえで、国から戻ってくる計算になる。しかしながら、東京都（23区）のような不交付団体は持ち出しになる。また、日本経済新聞社の調査（2012年9月12日）によれば2010年度、大阪市では241億円の不足であった。これは、地方交付税の算定方法が実績額ではなく標準的な支出水準を基準にしているからである。標準を超えて支出すると差額が不足し、標準以下の支出であれば交付税が多く入ることになる。

　朝日新聞が県庁所在市や指定都市、特別区の計73自治体を調査したところ95％近くの69自治体において、2009年度中に生活保護関連で補正予算を組んだ。また、東京23区でみると、東京新聞の調査によれば、2010年度予算において千代田区と中央区を除きすべての区において、生活保護予算が増加している。対前年度比では、文京区33.6％増、江戸川区25.5％増、世田谷区24.6

---

(55) 朝日新聞2010年2月12日。
(56) 東京新聞2010年2月28日。

％増となっている。新宿区においては、過去最高の201億円（24.5％増）を計上しており、予算全体を押し上げる要因となっている。さらに生活保護予算が一般会計に占める割合は、13区で1割を超えており、山谷地域を抱える台東区は21.6％、次いで足立区は16.7％を占めている。こうした事態に豊島区においては、基金を取り崩し建設事業の先送りをして対応している。このように生活保護予算の増加が、自治体本来のサービスに影響を及ぼし始めている。

　こうしたことから、ナショナルミニマムである生活保護の予算については、全額国庫負担とし、自治体の財政を安定させる必要があるのではないだろうか。特に人口流入の激しい都心部においては、ターミナル駅を要する自治体やその周辺自治体に顕著に影響が表れる傾向が高いことから、早急に何らかの措置をとることが求められる。

　また、自治体負担のうち住所がある被保護者については、4分の1が市町村の負担であるが、ホームレスのように住所がない人の費用負担は、市町村に代わって都道府県が4分の1を負担する。すなわち、市町村の福祉事務所としては、被保護者が、施設等に入所している状態であれば住所がないため都道府県の費用負担に頼ることができるが、施設を出てアパートを借りると都道府県負担の分は市町村負担に降りかかる。こうしたことから、自治体においては、ホームレスを保護した場合、施設等に入所させ、アパート等での保護については敬遠する傾向が高い。福祉事務所としては、他の地域から流れてきた人間に対し4分の1にせよ地元自治体の税金を使うことに強い抵抗感があるのも事実である。また、ホームレスには、保護申請書を渡さない福祉事務所や数百円の交通費を渡して別の事務所に行くよう促す、いわゆる"水際作戦"をとる福祉事務所もあるときく。

　こうしたことを是正するためにも、市町村の4分の1の負担は、期間を定めて都道府県の負担のままにしておくことも必要ではないだろうか。これは、ホームレス問題は、1つの区や市に任せるのではなく広域的な観点から取り組む必要があるためである。アパート設定を遅らせることは、ホームレスの

第5章　求められる支援政策

自立にとっても好ましいことではない。生活保護制度を柔軟に適用していくことこそ、有力な解決策につながる。

2　効果的な執行体制

次にケースワーカーの守備範囲を見直す観点から、負担の軽減と専門性の確保を図る手法について提案したい。ケースワーカーが支援する市民は高齢世帯、障害世帯、母子世帯、稼働可能世帯等多岐に渡っている。これは、ケースワーカーの担当は自治体内の地域ごとに決められているからである。ちなみにケースワーカーは一般的に地区担当員とも呼ばれている。しかしながら前述したとおり複雑化した市民のニーズに一人のケースワーカーが専門的に対応することは難しい。現実的には「自立の助長」より「経済的給付」に業務の重心が移り本来の支援が疎かになる傾向があるのではないか。

そこで、ケースワーカーの担当を地域ごとに分けるのではなく保護世帯の種別ごとに分けることを提案したい。それとともに自治体内の高齢、障害、母子等のセクションと連携して支援する体制を構築する必要がある。現在のところ経済的な理由によって生活困窮に陥った市民は年齢等に関係なくすべて生活保護部門で受け持つ傾向がある。こうした体制を改め生活保護部門と各施策担当部門が連携し、きめ細かく市民のニーズに応えられる体制にすることが望ましい。

さらに、時代に見合った支援体制に組み替えていく必要もある。現行生活保護法は、1950（昭和25）年に成立して以来、日本におけるセーフティネットの中心として機能してきた。制度の細部においては様々な改正を行いながら時代に即した役割を果たしてきた。現行の生活保護制度は、最後のセーフティネットと言われるとおり、加齢、病気、怪我、失業、離婚等によって収入が減少した全ての場合に適用されることから、さまざまな年齢層や生活状況の受給者がいる。失業による一時的な収入の減少の場合もあれば、母子世帯のように長期的に見れば、子どもの自立等によって保護から脱却するケースもある。一方で定年後の年金収入だけでは、生活を維持できない世帯や、

159

そもそも無年金のため加齢により仕事ができなくなると一切の収入が途絶える世帯が増加している。日本社会の構造的変化に伴い、保護対象者も大きく変化してきた。世帯類型別にその構成比を見たとき、厚生労働省の被保護者調査（2013年5月）によれば、「高齢者世帯」は45.2％であり「障害者世帯」の11.4％と合わせると56.6％となっており半数を超えている。生活保護法の目的は、健康で文化的な生活の維持と自立助長である。しかしながら、高齢者世帯と障害者世帯が半数以上となった現在、"経済的な"自立助長という法の主旨は実態に合っていないのではないだろうか。事実、福祉事務所においても65歳以上の被保護者に対しては、就労指導は行わない。これは、障害者世帯に対しても同じことがいえる。

　こうしたことから、これからの公的扶助制度を考えたときに、前述の仕組みをさらに前進させ「高齢者世帯」、「障害者世帯」については、生活保護制度から切り離し、それぞれ高齢者施策、障害者施策そして医療施策等として経済的な自立に捉われることなく、きめ細かく処遇する仕組みづくりも検討するべきではないか。

3　補足性の原理の見直し

　公的扶助は公費で運営されていることから受給するには、厳格なミーンズテスト（資力調査）が実施される。その中に補足性の原理というものがある。法律では「保護は、生活に困窮する者が、その利用し得る資産、能力その他あらゆるものを、その最低限度の生活の維持のために活用することを要件として行われる」と規定されている。

　しかしながら、これをそのまま受け入れるならば、保護を受けるためには、資産を売却し預貯金もすべて費消し国が定めた最低生活が維持できない状態に陥らない限り申請ができないという結果になる。さらに、稼働年齢層が保護申請した場合は、「働けるのに働いていない」すなわち能力を活用していないという理由で前述の「水際作戦」といわれる福祉事務所窓口における門前払いの扱いを受けることもあった。稼働年齢層であっても現実に仕事がな

第5章　求められる支援政策

く住むところがなければホームレスになる危険性が高くなりその後の生活再建は困難を極める。ミーンズテストや補足性の原理を否定する必要はないものの、頼ることのできる援助者がいない場合、生活困窮状態に陥った人が容易に生活再建する仕組みが今の日本にはないといってよい。すなわち生活保護制度は、住居、医療、介護、日常生活、出産、葬祭等全てをカバーしているが、全てに困っていなければ適用されないといえる。近年増加している「その他世帯」にとっては、緩和措置がない限り生活保護は使いづらい。そこで、これからの公的扶助制度は、「高齢者世帯」、「障害者世帯」、「傷病者世帯」と経済的自立の可能性が高い稼働年齢層においては切り離し、目下の生活を立て直す新たなセーフティネットの構築が必要であると考える。

4　専門性の担保

前述したように、現在の生活保護行政に携わる職員の専門性については、本来あるべき姿から大きく乖離している状態であることが分かった。こうした問題を解決するためには、福祉専門職の採用を拡大する必要があるのではないだろうか。現在、都道府県や政令指定都市では、概ね福祉職の採用実績がある。中でも東京都や特別区では、受験に際し国家資格である社会福祉士[57]資格を条件としている。他の自治体は社会福祉主事の任用資格を条件としているところが多い。試験科目も福祉系の科目を課しており、専門職として一定の要件を備えた人物を採用できる体制になっている。

しかしながら都道府県や政令指定都市以外の自治体では、福祉専門職としての採用試験を実施している自治体は少ない。理由としては、職員が定年に

（57）昭和62年5月の第108回国会において制定された「社会福祉士及び介護福祉士法」（昭和62年法律第30号）で位置づけられた、社会福祉業務に携わる人の国家資格である。同法2条で社会福祉士とは「専門的知識及び技術をもって、身体上もしくは精神上の障害があること、または環境上の理由により日常生活を営むのに支障がある者の福祉に関する相談に応じ、助言、指導、福祉サービスを提供する者または医師その他の保健医療サービスを提供する者その他の関係者との連携及び調整その他の援助を行うことを業とする者」とされている。2013年11月末現在、全国で165,584人が登録している。

至るまでの期間において、規模の大きな自治体であれば、福祉職として異動できる部署が多くあるが、規模の小さな自治体では、それが困難となることが考えられる。

　こうしたことを改善するため、自治体間の職員交流を今より活発にし、法改正等のハードルはあるものの任命権者を超えて異動できる仕組みを構築し福祉専門職の採用枠を増やすことを検討する必要があるのではないだろうか。また、社会福祉法の第14条では「町村は、必要がある場合には、地方自治法の規定により一部事務組合又は広域連合を設けて、前項の事務所を設置することができる」とされている。これを、市レベルでも可能にして「福祉に関する事務所」については、一部事務組合等によって自治体の地域に縛られず設置を検討することも必要ではないだろうか。

　さらに前項で指摘した福祉事務所で働いている職員のうち社会福祉主事任用資格を所持していない者については、社会福祉法第19条第1項第2号で規定されている厚生労働大臣の指定する養成機関において講習会参加や通信教育等の方法により早急に社会福祉主事任用資格を得るよう取り組むべきである。

5　ケースワーク業務の一部委託

　生活保護法制定当時の1950（昭和25）年と現代を比較すると、生活困窮状態に陥っている人への支援の方策は、複雑化・多様化している。高度経済成長時代であれば、かなりの割合で就労への道も開かれていたが、近年の構造的な不況下においては、年齢やスキルといった条件が大きなハードルとなり容易に就労自立の方向に進むことができない。また、ストレスが原因で、精神を患い就労ができなくなり生活保護を受給せざるを得ない人も増加している。ケースワーカーには、経済問題の解決に加え精神面でのサポートも含めた社会資源の活用など幅広い知識が求められる。生活保護の知識だけではなく、例えば、借金の整理、年金保険の減免、ハローワークの利用方法などについても知識がなければならない。いずれも制度の違いから一箇所の機関で対応することは困難であると同時に、これらの制度を生活困窮者の状況に応

第5章　求められる支援政策

図5-1　市民社会サービスの提供システム

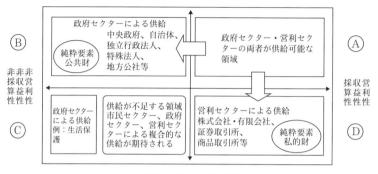

出典：武藤（2003：94）

じてアドバイスできる人は福祉事務所の中でも少ないのが現状である。

　このように生活保護業務の守備範囲が多岐に渡り、その中から被保護者の課題に即して個別に施策をコーディネートする困難性について、武藤博己は「公共性」と「収益性」の観点から市民社会におけるサービス提供のあり方として図5-1のような類型化をしている。「従来、行政がサービスの提供責任を負ってきた領域は主に右上Aと左上Bの部分、すなわち公共性の高い領域であるが左下Cの一部、すなわち公共性は低いものの収益性も極端に低い領域でも、行政がサービスを提供する場合もあった。具体例としては生活保護があげられる」（武藤2007：95）と指摘している。すなわち生活保護制度は被保護者に対する個別的なサービスであり「消費の集合性」換言すれば「公共性」は低く併せて収益性、採算性も極端に低くなることから政府セクターによって執行されなければならない領域といえる。

　さらにこの領域の対応について「収益性の低さを行政側が補い、個別性への対応を民間が補い、そして一定の質の維持を両者が責任を負うという図式になるであろう」（武藤2007：97）と分析している。こうした指摘を踏まえた上で、問題を改善するためには、生活保護業務の二本の柱であるケースワー

163

ク業務と保護費の支給業務について、前者は、社会福祉士会等の専門職能団体に委託することも検討するべきではなかろうか。すでに福祉事務所においては、就労支援や資産調査についてはハローワークや年金事務所のOB職員を嘱託員として雇用するなど専門性の確保を図りつつケースワーカーの負担軽減を行っている。医療費のレセプト点検なども外部に委託している自治体が半数以上にのぼっている。

　自治体の現場ではケースワーカーの専門性を維持するのが困難になっていることから、そうした問題も解消することができる。さらに、専門知識を持った外部のソーシャルワーカーによる支援で、自立につながるケースが増えることも期待できる。

　しかしながら、ここで一つ問題になるのが現行の社会福祉法では「社会福祉主事は、都道府県知事又は市町村長の補助機関である職員とし」(第19条)とあることからケースワーク業務自体を外部に委託することには法改正が必要になると思われるので、就労支援等と同様に被保護者の支援方針の計画策定や処遇方針の進め方についてアドバイスを受けるという取り組みからはじめることを提案したい。現在でも福祉事務所においては必ずしも査察指導員がスーパーバイザーの役割を担っておらず経験の長いベテラン職員から支援方針等の策定に関して指示を受けていることもある。今後そうしたベテラン職員の異動や退職に対処するためにも外部の専門家を交えることで、複雑化した被保護者の課題解決に多角的な見地から関与することが可能となり停滞している自立助長の状況を改善することが予想される。

---

(58) 国家資格である社会福祉士資格を所持している者の職能団体。全国組織と地方組織によって構成されている。東京社会福祉士会のホームページによると、ホームレスの実態に関する全国調査(生活実態調査)、府中市路上生活者巡回相談事業、品川ホームレス訪問相談、品川区生活安定応援事業、新宿区生活安定応援事業、中野区生活保護受給者財産管理支援事業等の事業を国や自治体から受託している。

6　適切な人員配置

　福祉事務所に配属されるケースワーカーの人事異動は、自治体内の通常の異動基準で実施されることが多く、異動前までは、税務や建設といった福祉とは関係のない仕事をしていた職員がケースワーカーとして配属されることもある。一般的に異動サイクルは、3年から4年程度となっており、組織として知識やノウハウが蓄積されにくく、一定水準の業務レベルを保つのが困難な場合もあり、特に団塊世代の大量退職に伴い業務に必要な知識が大幅に失われている状態である。

　こうしたことを改善するため、ケースワーカーの人事異動のサイクルは、通常の自治体内の事務職より長くする必要があるのではないだろうか。こうしたことで職場内においては、長期的な視点に立ってベテラン職員のノウハウを確実に継承することが可能となり、若手職員の育成も時間をかけて取り組むことができる。

　また前述のとおり生活保護の現場は不人気職場となっており通常の人事異動では需給バランスが維持できていない。そこで、ひろく庁内から職員を公募してみてはどうであろうか。自治体内には、公務員の原点である「人助け」、「市民の役に立つ仕事」に関心を持っている職員が多くいるはずである。限られた人材を効果的に配置し問題解決を図ることが肝要である。職員の適性や意欲を汲み取る任用方法として通常の人事異動のローテーションとは別に本人の自己申告による異動の仕組みをつくることで、やる気のある職員を集めることが可能となる。

第2節　貧困防止の社会化

1　公共サービスの担い手について

　これまで触れてきたとおり、近年、高齢化に伴う収入減や社会構造の変化による雇用形態の流動化によって生活困窮状態に陥る人々が増加している。その結果いわゆる"格差社会"といわれるように、貧富の差が拡大するとともにその固定化が問題となっている。さらに、貧困の世代間連鎖として親が

図5-2 直営サービス、行政サービス、公共サービス、市民社会サービスの関係

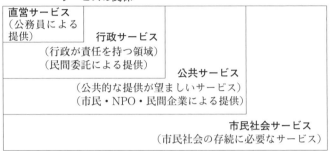

出典：武藤（2014：6）

生活保護世帯だとその子どもも保護を受給するケースが多くなっている。

前節で提言したケースワーカーの専門性の向上や一部外部委託の実施によって、生活困窮者に対する支援は一定程度の改善は見込めるかもしれないが、圧倒的に支援する側のマンパワーが不足しているのが実態である。そこで、本節においては、もう一段視野を拡大して、貧困問題を社会全体の中で捉え、解決する仕組みを考えてみたい。なお、こうした仕組みを"貧困防止の社会化"と呼ぶこととする。

日本の社会において生活困窮者に対する支援を全て行政の力だけで解決するのは困難である。ここでいう行政とは、公務員が直接サービスを提供する仕組みを前提としているが、武藤は公共サービスの考え方について図5-2のような分類を行っている。「人々の公共サービスへのニーズは、縮小するどころかむしろ拡大し、そして多様化してきた。日本社会が都市化していく中で、高齢者介護や保育のようにかつては家族や地域社会で担ってきたものも、公共サービスとして捉える必要が出てきた。そうした拡大分を政府がすべてまかないきれない以上、政府の提供するサービス＝行政サービスは、公共サービス全体の、ある一部分ということになってきたのである」（武藤2007：89）

生活保護制度は、この分類に当てはめると、公務員による提供、すなわち

第5章　求められる支援政策

「直営サービス」に位置づけられる。ホームレス自立支援システムなどは、運営費は全額公費だが、運営そのものは、民間に委託している。よって、その部分は"行政サービス"に位置づけられる。そして"公共サービス"について武藤は「市民社会に必要なサービスのうち、市場に委ねるだけでは不足しがちであるサービスやなくなっては困るサービスなど、何らかの意味で支える必要のあるサービスが存在する。換言すれば『公共的な提供が望ましいサービス』ともいえる」（武藤2014：6）と述べている。具体的にはこの領域に介護保険や医療保険等多くの福祉・医療サービスが含まれる。

"市民社会サービス"については、図5-2にあるとおり「市民社会の存続に必要なサービス」であり、この分野のサービスは、「都市型社会が進展し自給自足力が低下し、地域社会における互助・共助が低下している今日の状況において、市民社会サービスの依存度がますます高まっている」と指摘される領域といえる。

ちなみに、明治時代における「恤救規則」などで扶養義務者がいる場合では、「人民相互ノ情誼ニ因テ」とあるとおり政府による支援はなく親族が面倒をみる形であった。一見「市民社会サービス」によって支援が行われていたようにも思えるが、特定の親族に負担が偏っていたことから、厳密にはこの図の外側に位置づけられるのかもしれない。そして、武藤が指摘するように、都市化する現代ではそもそも家族の機能の変化及び役割の低下によって生活困窮者の支援をすべて親族等が行うことは不可能であろう。

「貧困防止の社会化」が目指すべきところは、生活困窮者に対するさまざまな支援が、「市民社会サービス」の中で広く実施されることが望ましい。しかし、すべてを民間が担うということは現実的には難しいと考えられるので行政が一定の役割を担いつつ、いかに地域やNPOの活動を後押しする形で関われるかが、貧困を防止するうえで重要である。

2　セツルメント活動

（1）セツルメントとは

貧困防止の社会化を考えるうえで、日本でも過去、活発に行われていたセツルメント活動からその可能性の有無を確認してみたい。

セツルメント（Settlement）とは、19世紀後半のイギリスにおいて、知識人がスラムに移り住み、貧困に喘ぐ人々に対し、直接、生活を共にしながらその改善に取り組んだのが最初と言われている。これは、当時、慈善や博愛の運動として貧困者に対し、ただ単に金品の施しを与える行為に対して批判的な考え方があったためそれを改善する一つの手法として行われた。具体的には、オックスフォード大学やケンブリッジ大学の学生がロンドンのイースト・エンドにある「トインビー・ホール」[59]に住み生活改善のための運動を行った。

西内はセツルメントについて、「問題の多い地区に教養のある人が意識的に、まず、定住することが第一で、次いで、友人として交わり、地区の人々の欲求を満たすため、仕事が組織立てられるのである。そうして、その目的は『人格的常時接触＝人格交流運動』によって、地区の人々の身心両面の向上を図り、生活改善や防貧事業を行い、地区の要求を入れて福祉増進を計ることが、セッツルメントの狙いである。したがって、階級と階級、知識ある者とない者、富者と貧者等の橋渡し、すなわち、人間関係の調整である」（西内：2-3）と定義している。

（2）片山潜によるキングスレイ館

日本における最初のセツルメントは、片山潜[60]によって1897（明治30）年に設立されたキングスレイ館といわれている[61]。片山は「1894年の英国旅行の際

---

(59) Toynbee Hall：1884年バーネット夫妻によって低所得者層が多くいるイースト・ロンドンに世界で初めて設立されたセツルメント。
(60) 1859-1933日本の労働運動家・社会主義者・マルクス主義者。
(61) 日本社会事業大学の吉田久一によれば、1891（明治24）年設立の岡山博愛会の方が早いがトインビー・ホールの影響を受けていないセッツルメントは考えることができないとし片山潜が日本で最初のセッツルメント開拓者としている。（西内：32）

にトインビー・ホールに宿泊し、その後2年間にわたって英米のセツルメントを見学」(柴田2007：40)とあるとおり、熱心にセツルメントについて学び実体験に基づいて、東京神田の三崎町の一軒家を借りてキングスレイ館を始めた。開設時の事業は、幼稚園、夜学校、諸種のクラブ活動等であり片山自らは英語を教えた。その他の主な事業としては、青年クラブ、職工教育会、貧民研究会、疾病救病救済会、国民貯蓄銀行等、生活困窮者に向けての多様な事業を開設している(西内：196-197)。しかしながら、片山は社会主義運動、労働運動に傾斜し結果としてキングスレイ館の活動は1907(明治40)年以降途絶えている(西内：199-200)。

(3) セツルメントの変遷

日本におけるセツルメント運動の発展の変遷について、西内は明治から1918(大正7)年までを草創期(第1期)、1918(大正7)年から1937(昭和12)年までを全盛期(第2期)、1937(昭和12)年から1945(昭和20)年の太平洋戦争終結までを衰退期(第3期)と区分している(西内：74-75)。なお、全盛期のセツルメント設立の一部については**表5−1**のとおりである。

(4) 東京帝国大学セツルメント

キングスレイ館と並び特筆すべきセツルメントとして、東京帝国大学セツルメントがあげられる。

これは1923年(大正12)年の関東大震災で罹災した人々を東京帝国大学の学生が救援活動を行ったのがきっかけである。学生たちが「この冬だけでなく、いっそ永久的な学生の運動にしたらどうでしょう。たとえばトインビーのオックスフォード大学のセツルメントのような」(宮田：18)と罹災者の救護が目的で始められた運動が1924(大正13)年にセツルメント事業として開始された。場所は、当時貧困地域であった本所区柳島元町に設置している。設立には、末広厳太郎[62]や賀川豊彦[63]が深く関与しており、その思想背景は「ノブレス・オブリージュ(noblesse oblige：高い身分には義務が伴う)」に繋

---

(62) (1888-1951) 法学者。東京大学名誉教授。
(63) (1888-1960) 大正・昭和期のキリスト教社会運動家、社会改良家。

表5-1　大正期におけるセツルメント設立状況（一部）

設立年		セツルメント名
1918（大正7）年以前		岡山博愛会
		石井記念愛染園
		有隣園
		三崎会館
		神戸友愛園救済所（賀川豊彦）
1918	大正7年	神戸イエス団
1919	大正8年	救世軍社会殖民館（山室軍平）
		マハヤナ学園（長谷川良信）
		興望館
1920	大正9年	四恩学園
1921	大正10年	慈光学園
		大阪市民館
		光得寺善隣館
1922	大正11年	猿江善隣館
1923	大正12年	大阪ミード社会館
		東京交隣館
		南千住隣保館
		本所産業基督教青年会
1924	大正13年	広島市隣保館
		東京帝国大学セツルメント
		小石川学園
		愛国婦人会セツルメント
		王子隣保館
		木津川隣保館
1925	大正14年	大阪四貫島セツルメント（賀川豊彦）
		淀川善隣館
1926	大正15年	大井隣保館
		尾久隣保館
		横浜市隣保館

出典：柴田（2007：43-44）より筆者作成

がっている。

　東京帝国大学セツルメントの会員の中には、鳩山一郎、吉野作造、我妻栄、蠟山政道などが名を連ね「戦後の学界や政界、行政、社会福祉実践をリードする人材が育ち、社会に貢献していった」（柴田2007：52）とあるとおりである。事業内容としては、法律相談、医療活動、教育活動等を中心に展開しセツラーは住み込みでそれらに当たった。

第 5 章　求められる支援政策

（5）セツルメントの課題

　セツルメント活動を継続していくには様々な課題が考えられる。東京帝国大学セツルメントの歴史から柴田は、①貧困地域での調査や問題を掘り起こすことを続けていくことは容易ではない。②スラム地区の住民を主体化させるには学生によるアマチュアリズムだけでは限界があると課題をあげ、住民を組織化し団体を運営するには専門的な方法が必要であったと述べている（柴田2007：54-55）。

　また、スラム地区の改善は本来、社会政策として担うべきものであるが、セツルメントのような社会事業によって代位、代替させられたという「代替性」について、大河内一男はその不備を「誤れる方向」と批判している（大河内：320）。

　孝橋正一はセツルメントについて、「セツルメント運動家の動機や行動がいかに理想主義的に美しいものであったとしても、それは初期的段階における社会改良主義のもつ中産階級的イデアリズムかセンチメンタリズムの産物にほかならないという客観的事実と批判をさけることができず、労働者階級の人々の社会的＝階級的自覚のすすんだ段階においては、原型的な理念、形態、方法におけるセツルメント運動は時代遅れのもの」（孝橋：241-242）と厳しく評価している。

　上記の評価を受けて柴田は「セツルメントは社会福祉の主要課題を外れた中途半端な立場にあったように思われる。それゆえに当時のセツルメントが、社会政策や社会事業政策論から代替性以上の評価を受けることはなかった」（柴田2007：66）と結論付けている。

　このように、スラム地区の改善には本来、行政主導そして専門職による対応が望ましいという考え方がある。これは、当時の行政が担う範囲が現代とは比較できないくらい狭かったことからの見解であろう。しかし"貧困防止の社会化"をすすめるうえで重要な視点としては、当時と現代では社会環境が大きく異なるという点である。東京帝国大学セツルメントが発足した時代には、生活保護法はおろか救護法の前身である1872（明治4）年制定の恤救

規則が唯一の公的扶助制度であった。そうした時代にセツルメントの果たした役割は大きかったと考えられる。

　西内によれば「昭和22年（1947年）3月1日の厚生省調によると全国のセッツルメントの数は公立23、私立78、計101ヶ所で、昭和5年（1930年）の115ヶ所より14ヶ所の減少となり、昭和26年（1951年）の厚生省調によれば、51ヶ所と約半数に減少した。その大きな理由は、セッツルメント事業の経費捻出の方途が閉ざされた事と、一方、全国の町村にセッツルメントに変る『公民館』が設置されたためである」（西内：24）と述べている。その後も、スラム地区は日本の高度経済成長の進展とともに減少し、セツルメント活動は退潮していく。

（6）現代においてセツルメントに期待できるもの

　セツルメントは、1958（昭和33）年に社会福祉事業法（現社会福祉法）の改正の際、「隣保事業」として規定された。第2条第3項11号で「隣保事業（隣保館等の施設を設け、無料又は低額な料金でこれを利用させることその他その近隣地域における住民の生活の改善及び向上を図るための各種の事業を行うものをいう。）」となっている。当時の考え方では、隣保館という施設を設置し、そこを拠点として地域の生活の向上を目的とした事業を推進することが想定されていたと考えられる。

　貧困に打ちひしがれている人々、心を堅く閉ざしている人々、支援施策はあっても利用しようとしない人々、福祉専門職による支援を受けたことがない人々等、こういった人々に「こんなに良い制度がありますよ」、「こういう選択肢がありますよ」と伝えても拒否されることも多い。どういう制度なのか、本当に改善が期待できるのか想像がつかないのである。例えは適切でないかもしれないが、コンパクトシティ[64]の実現困難さを見れば良く分かる。限界集落で不便な生活を強いられている高齢者に中心市街地に転居して便利な

---

(64) 国土交通省東北地方整備局によれば、都市的土地利用の郊外への拡大を抑制すると同時に中心市街地の活性化が図られ、生活に必要な諸機能が近接した効率的で持続可能な都市と定義されている。

生活を享受しませんかと誘ってもすぐには決断できない。支援者と支援を受ける人の間には価値観の違いや想像力の違いがある。そして、ひとたび限界集落を離れたらもう元には戻れない。そこまでの覚悟を決めるには相当な時間、思慮し、そして、行政関係者を信じられるかどうかという要素が大きくなってくる。本当にこの制度を信じて良いのかどうか。単純に便利とか不便という理由で決定できることではない。先祖代々の家屋敷、土地を手放す。自身の思い出等、これらを比較して「不便だけどここで死ぬからいいよ」という決断をしている人々が多いのではないか。

　これは、路上生活者に対する支援でも同じことがいえる。長期間、路上生活をしている人々には、生活保護を受けることは、「ケースワーカーから束縛される」という印象が強い。それよりは今の生活のままがいいという人がいる。通常の感覚からみれば、現代の日本で、屋根のない生活を選択するということは理解しがたいことであろう。しかし、支援制度を利用して、現状からの脱却を図る勇気が出ない人もいる。極端にいえば長年、日本に住んでいる一般の人に、突然、外国での華やかな生活をしませんか。と誘っているような感じと同じかもしれない。

　こうした人々に対しては、上からの目線ではなく、一緒に解決に向けていきましょうというスタンスが大切であると思える。要保護者は、人間関係がうまくいかずに生活困窮に陥った人々も多いことから、なおさら丁寧な人間関係を構築する必要があると思われる。

　そして、セツルメントの定義にある「人格的常時接触＝人格交流運動」は行政主導では成し遂げにくいのではないか。いわゆる「お上目線」「施し」という感覚を拭えないからである。生活困窮者と同じ目線に立って支援することが、生活困窮者も心を開き支援策が指し示す方向に共に進むことができるのではないだろうか。

　セツルメントでは、知識人がスラムに入り、人格的な交流を通じて、自立を促す取り組みを行った。現代では、当時のようなスラム地域はなく、実際に住み込むという形態はとりにくいかもしれない。

そこで、このシステム、そして精神を活かし拡大してみるとどうなるであろうか。次項でNPO等による生活困窮者支援の枠組みについて分析する。

3　NPOとの協働

前項において、セツルメントの歴史と精神について触れた。本項においては、その仕組みをどのように現代において応用できるのか、またなされているのかについて確認する。

セツルメントにおいては、ノブレス・オブリージュの精神に基づき、いわゆる知識人であるとか、優秀な学生達が将来リーダーになるための訓練という意味合いによって展開されていた面が強かった。特定のスラム地域に特定の支援者という図式であればこうした体制でも効果は現れたが、現代では生活困窮者は、特定の地域に偏ってはおらず、さらに特定の知識人、教養人といった人たちだけの活動では支援の広がりを期待することはできない。

"貧困防止の社会化"を講じていく上で、セツルメントに変る組織として、現代ではNPOがその担い手になっている。「既に多くの自治体で公共サービスの提供について、NPOや市民活動がこれを担い、行政との協働を進める例が増えている点は、周知のことであろう」（武藤2014：256）とあるとおりである。

そして、行政とNPOとの協働を論じるうえで必ず問題になることは、財源についてである。公共サービスの提供をNPOが担う場合、行政からは補助金や委託費という名目で資金の提供が実施される。財政基盤が脆弱なNPOにとっては、こういった資金の獲得が活動を存続するうえでの生命線となる。海外では寄付の文化が浸透しているが、日本ではあまり浸透していない。福祉活動に対する市民からの寄付という観点では、マスメディアが一時的に行う募金活動が中心で、日常的に寄付を行うという体制にはなっていない。福祉は行政が行うものという認識が根強いようである。一朝一夕には成し遂げられないだろうが、NPO等による活動をメディアが積極的に広報し、寄付の文化の醸成を図ることが効果的である。

また、内閣府による調査(「NPOに関する世論調査」2013年内閣府)ではNPOの活動が一層活発になるためには、「NPO法人自身が市民に対して積極的に理解を求めていくこと」と回答した人が53.1%と最も高く、次いで「職場や学校などで、会社員や学生などが活動に参加する機運を高める」(31.7%)、「行政がNPO法人の活動に必要な基盤づくりを充実させること」(29.0%)となっている。こうした意識を背景に近年、自治体などでは「ボランティア休暇」制度などを創設し職員が有給でボランティア活動に取り組めるようになってきた。このように官民あげての取組みによってNPOやボランティア活動に対する市民の機運を高めていくべきである。

そして、行政による公費負担のルールを早急に構築する必要があると考える。その際には「公的資金とは、税金からの補助金、助成金、負担金、委託金、出資金等、名称は多様である」そして、「公的資金を出す以上、自治体は公的資金の拠出の根拠・行政手続・監査が必要となる」(武藤2014：7)と指摘されているとおり厳密な基準が求められる。

4 望ましい支援体制の構築に向けて
(1) 海外における取組み

"貧困防止の社会化"を目指す取組みとして海外の事例から検討する。全国規模の市民運動として有名な取組みが、ブラジル社会経済分析研究所(Instituto Brasileiro de Análises Sociais)のハーバート・デソーザ(Herbert de Souza 1935-1997)が率いた「飢餓と貧困に対する草の根市民運動」である。1993年にこの運動は始まったが、当時のブラジルでは1億5600万人の人口のうち3200万人の国民が年収120ドル以下の生活を余儀なくされ常に飢餓状態であった。こうした状況を改善するため、中・高所得者の人々に近隣の貧困地域に赴いてもらい空腹に苛まれている人を一人見つけて、その人に対して何らかの支援をするよう求めた。3200万人の飢餓に対処するとなると個人としては無力感を感じるが、自宅近くの困っている人、2～3人の飢えであれば対処可能であり、自分の力で何かできたという自信に繋が

る（デビッド：376-377）。さらに特筆すべき点として、対処方法としては、単なる施しをしたのではなく、「近所に自ら足を運んで人間関係を築き、システムから排除されてお腹をすかせた貧しい人の暮らしに触れ、その話を聞いて苦しみを分かち合い、健全な社会作りの架け橋となることを求められた」（デビッド：377）とある。「16歳以上人口のほぼ1割にあたる約280万人が、労働者、学生、主婦、ビジネスマン、アーチストなどで構成される各地区の飢餓対策委員会で活発に行動していた。この運動に何らかの形で貢献した人は、成人人口の3分の1にのぼるという」（デビッド：377）。

この運動の特徴は、一般市民が単なる施しをするのではなく、困窮者の良き相談相手になり物理的・精神的に支援していることである。しかもそうした行動をそれほどの負担を感じさせないように企画しているところが画期的である。

次にドイツで行われている事例について見てみたい。ドイツで10番目の都市であるブレーメン市において、市内の社会問題地区で改良のプログラムが行われている。失業者、アルコール依存症患者、外国人、母子世帯等の低所得者が多く住む地区で展開されている。「地域住民の自主的活動を支援するためのスペースを生み出したり、職業訓練の場とプログラムを提供したりといった、多彩な事業を行うことによって、住民を励まし、地区の問題解決に寄与しようとする」（名和田：119）という修復型のまちづくり事業である。どういうプログラムかというとブレーメン社会局の発案によって「事後改善事業」と名づけられ「地区の空間構造修復・整備を行いつつ、地区の社会問題を解決していく糸口を探る事業」（名和田：119）とされている。事業の進め方としては住民参加制度が不可欠で、問題解決への自助努力を促す仕組みとなっている。事業予算の決定については必ず「地区まちづくり会議」に諮らなければならない。さらに議決は会議に参加した住民や行政関係者の誰もが反対しない時に成立する（名和田：120）。こうした「全員メンバーシップ」による事業の進め方は貧困地域の住民を意思決定に参加させていることで、行政からの「お仕着せ」を払拭できるのではないであろうか。これらの工夫

によって市民の本当のニーズに合致する事業、そして実現可能な事業が選択されると考えられる。生活困窮者目線の事業を展開する上で有益な手法である。

（2）自治体や厚生労働省による先進事例

次に日本における事例であるが、埼玉県が取り組んでいる「生活保護受給者チャレンジ支援事業（アスポート）」が特徴的である。埼玉県と社会福祉法人、学校法人、NPO、民間団体と県民が相互に連携を取り生活保護受給者の自立に向けての支援を行っている。この事業は、福祉事務所のケースワーカーが業務の多忙を極めており、被保護者の自立に手が回らない部分への支援を目的としている。導入の背景には2010年2月の埼玉県社会福祉審議会において"生活保護受給者の自立支援"が議論された際、「生活保護受給者が窓口に殺到している中で、市の職員は過労死寸前まで追い込まれている。県は、市にケースワーカーの増員を要請するだけで、自らは何の取組もしないでいいのか」（埼玉県アスポート編集委員会：43）という問題提起がきっかけになっている。2010年4月には県でプロジェクトチームが立ち上がり県議会の議決を経て、8月には事業を委託する民間団体を決定し、10月には100人を超える支援員を揃え事業の実施体制を整えた（埼玉県アスポート編集委員会：44）。

導入にあたっては福祉事務所に対してニーズの調査を行っている。ケースワーカーからのヒアリングにおいて最も多かった要望が、「就職あっせんや職業訓練受講などの支援」であった。「働くことができる若い受給者が増える一方で、新規の保護申請者に追われ、ケースワーカーが就労支援にまで手がまわらない」（埼玉県アスポート編集委員会：45）とあるとおり、生活保護法の目的の一つである「自立の助長」が現場では思うように進んでいない実態が浮かび上がった。また、「住居を失った離職者などの住宅確保」や「ひきこもり・ニートなどの児童・若年層の支援」についても要望が多かった。

こうした現状を踏まえ、①教育支援員事業、②職業訓練支援員事業、③住

宅ソーシャルワーカー事業の3つの事業を立ち上げた。

　この中でも特に①の教育支援員事業は、貧困の連鎖（生活保護受給世帯の子どもが将来自分たちも保護受給者になること）を断ち切るため、中学3年生に高校進学を目指してもらうため県内の35大学から大学生をボランティアとして勉強を教えるというものである。場所は2011年度で県内10カ所の特別養護老人ホームの会議室等を無償で借り受けて行った。この事業の取組みによって、県内の生活保護受給世帯の高校進学率が86％であったところ10ポイント以上の向上が見られ、通常の高校進学率の98％とほぼ同じになったという（埼玉県アスポート編集委員会：ⅰ）。

　生活保護制度はそのほぼすべてが法定受託事務となっており自治体の裁量は少ない。しかし、近年の受給者増に対応する方策を国は示し切れていない。そうした中、埼玉県の取組みは、福祉事務所のニーズをくみ取り、さまざまな社会資源を効果的に組み合わせて、被保護者の自立に役立つ事業を展開している。自治体独自のアイデアで"貧困防止の社会化"を実現している好例であると考える。

　次に、厚生労働省が実施している、「認知症サポート」について概観する。これは、2004年に「認知症を知り地域をつくる10ヵ年」の構想の一つである「認知症を知り地域をつくるキャンペーン」の一環として、「認知症サポーターキャラバン」事業として実施している。

　この事業は、「認知症サポーター」を全国で養成し、認知症になっても安心して暮らせるまちになることを目指している。「認知症サポーター」は、認知症について正しく理解するとともに認知症の当事者やその家族を支援することが求められる（図5-3）。全国の自治体で養成研修を開催しており、認知症サポーターには、地域住民、金融機関やスーパーマーケットの従業員、小・中・高等学校の生徒など様々な人々がおり、2014年6月末現在、全国で500万人を超える人々が認知症サポーターになっている（認知症サポーターキャラバンHP）。

　家族や地域社会において、認知症になった人々への支援は喫緊の課題とい

図5-3　認知症サポーターに期待されること

1. 認知症に対して正しく理解し、偏見をもたない。
2. 認知症の人や家族に対して温かい目で見守る。
3. 近隣の認知症の人や家族に対して、自分なりにできる簡単なことから実践する。
4. 地域でできることを探し、相互扶助・協力・連携、ネットワークをつくる。
5. まちづくりを担う地域のリーダーとして活躍する。

出典：厚生労働省HP「認知症サポートキャラバン」

えるであろう。法制度的には医療や介護保険の枠組みでその対応をすることになっているが、現実問題としては、不十分でありさまざまな課題に追いついていないのが実態ではないであろうか。厚生労働省の認知症サポーター事業は、そうした課題に一般市民の持つ力を引き出し、高め組織化していると考えられる。そして、図5-3にあるとおり「自分なりにできる簡単なことから実践する」という考え方があるからこそ、事業賛同者のすそ野を広げることが可能となり結果として多くのサポーターを誕生させたのではないかと考えられる。サポーターの中には実際に身近な人の中に認知症の人がいる場合もあれば、そうでない場合もあるかもしれない。そうでない人の中にもいずれは、認知症の人を面倒見る状況になる場合もあるかもしれない。そういった事前の予測も踏まえた想像力に裏打ちされて事業に参加する人々が現れるのは良い傾向である。"貧困防止の社会化"を考えた時、参考になる事例である。

（3）福祉サービスの担い手

福祉サービスを政府部門に限らず非営利組織や民間企業等、多様な存在が提供する「福祉多元主義」という体制がある。供給主体の多様化という観点からは、"貧困防止の社会化"に寄与する仕組みとも言えるが、"貧困防止の社会化"は前述のブラジルの取組みのように、もう一歩、支援の中身を掘り下げて一般市民や組織が単なる施しをするのではなく、生活困窮者の良き相談相手になり物理的・精神的に支援していくことである。

生活困窮者の側に立ち、伴走しながら支援される側の人々が本来持ってい

る能力を引き出すやり方、すなわちエンパワーメントという考え方が根底にないと、本質的な解決にはつながらないと考える。本人のやる気を引き出すために同じ目線で接していく、福祉サービスの担い手には、こういう支援方法が求められているのではないか。

（4）貧困防止の社会化に向けて

　貧困問題を考えた時、今は、貧困とは無関係であるという人であっても、いつそういう立場になるかわからない。そのためにも地域にセーフティネットを張り、助け合うという「共助」の体制を事前に強く構築しておくことが大切である。そうすることで、実際に貧困に陥った時の対応のスピードも変わってくる。

　地域活性化やまちづくりの手法としてワークショップ等がとられる場合が多い。しかしこれは、開催者と参加者双方に共通のニーズがあって初めて成立する。すなわち関心がなければ参加する意欲は湧かないであろう。貧困問題などは、地域や社会では関心のない人の方が多いかも知れない。介護や保育、教育の問題等も当事者以外は無関心であろう。この無関心を払拭し、どうやって関心を持ってもらうか。そのためには、いずれは自分自身や家族の問題になるかもしれないという想像力を持ってもらい一緒に対応を考えていく普及啓発が求められると思う。

　また、子育て支援のような場合、現在は関心がなくとも過去に経験し乗り越え、ノウハウがある人は多いであろう。そのノウハウを組織化し必要としている人々に提供できるシステムをつくることも大事であろう。では、誰がそのシステムを構築するのか、やはり行政等の公的機関が音頭を取って、そういうことに取組める人を募るのが現実的であろう。人生におけるさまざまな場面での相談に対応できる人を広く募り、認定し、地域で任命する。民生・児童委員のような法制度で縛られている形式でなくてもよい。

　そして、そうした人たちの行動に対しては、自治体の広報誌等で優秀市民として顕彰するのもよいかもしれない。地域のため、社会のため、困っている人のために尽くした方であると表彰するのである。個人情報には十分配慮

第5章　求められる支援政策

した上でその人が取り組んだ事例を紹介するのも賛同者を得るためには有効である。

　以上みてきたような行政と市民の「協働」について、武藤は「公共サービスに市民がかかわるという意味では、市民参加の側面では重要な供給方法である」（武藤2014：9）と述べている。

　こういった「協働」の仕組みを構築し「共助」のシステムを広げることができれば"地域社会の課題は地域社会の中で"ということが可能となる。できることから対応していきながらこうした社会を構築できれば"貧困防止の社会化"は成し遂げられると考える。

第6章　結びにかえて

　戦後の日本における福祉制度は急速に発展した。1961年には国民皆保険・皆年金を実現し全国民が健康保険・公的年金の受給対象者となった。1960年版の厚生白書では「福祉国家における社会保障の実施は、基本的には、社会連帯と生存権尊重の思想から要請されるものであり、いわば実利的判断を超越した絶対的なものに基づいている（中略）『まず経済成長を、しかる後に、社会保障の充実を』というような見解は、福祉国家において安易に述べられる余地がないといわなければならない。社会保障政策と経済成長政策を同じ秤にかけて、その優先度を見いだすことは、しょせん困難といわなければなるまい」という論調であり、高度経済成長とともに国民の福祉向上が政治的にも大きな命題になっていた。

　さらに、革新自治体における老人医療費の無料化【1960年に岩手県の沢内村で65歳以上の高齢者を対象としてはじまり、1969年に秋田県が75歳以上、東京都が70歳以上の高齢者を対象に実施した】をきっかけに1973年に政府は、70歳以上の医療費自己負担額の3割を国と自治体で負担する老人医療費無償化を実施した。いわゆる日本における「福祉元年」のはじまりである。

　しかしながら、「福祉元年」である1973年10月に第1次石油危機が到来し、高度経済成長は陰りを見せ始める。老人医療費自己負担の無償化から10年後の1983年2月に老人保健法が施行され拡大を続ける老人医療費を抑えるため、高齢者の自己負担を求めるようになった。

　1986年版の厚生白書では、「社会保障制度が安定し有効に機能していくことは、活力ある長寿社会の前提となるものであるが、過剰な給付や過大なサービスはかえって経済社会の活力をそぐことにもなりかねないことに留意する必要がある」という論調に変わっており、税収が伸び悩む中で福祉サービスの舵取りも大きく変わったことが伺える。

そして、日本社会はグローバル化の大きな波の中で、社会・経済・雇用をめぐる環境が大きく変化した。雇用形態については、企業内福祉、年功序列、終身雇用といわれた日本的経営が立ち行かなくなり正規職員から非正規職員の割合が大幅に増えていった。
　格差社会の大きな要因であるグローバル化に対応する社会構造の変化を、今の日本で急激に方向転換することは難しい。であるならば、従前の社会保障制度を単に踏襲するのではなく社会の様々な分野で、しっかりとセーフティネットを張り巡らし貧困状態に転落する人々を減らすとともに貧困の固定化を改善する取組みが求められる。
　本書は、こうした潮流の中、社会の変化についていけず貧困に陥った人びと（取り残された人々）に対しセーフティネットを再構築し、どうすれば現状を改善することができるかという視点で研究に取り組んだ。
　本書では貧困について「主に経済的な欠乏及び人的資源のつながりの希薄によって、最低限度の生活水準を保つことができず、一個人及び世帯の努力ではその困窮状況が解決できない状態で、その状態が一時的または恒常的に続き、何らかの介入を加えなければ回復が見込めず、現状を維持することが困難であるとともに将来に向けて悪化が懸念される状態」と定義した。現代の貧困は金銭的に困窮している状態に加え、人とのつながりが希薄になることで、その状態に拍車がかかるともいえる。都市化が進行し「個人主義」を追い求めた社会の副作用が貧困問題の入り口に繋がっている。
　貧困問題は、歴史を振り返っても分かるとおり、人間社会の形成に伴って発生している。様々な学問分野で解決策が論じられており、処方箋も数多く提示されてきた。実際にその処方箋を実行することで貧困問題が解消されることもたくさんあった。しかしながら、社会は再び状況が悪化し新たな課題が誕生するなど貧困問題は繰り返されてきた。事実、現代の日本においても「子どもの貧困」や「女性の貧困」等、新しい側面から貧困問題が取り上げられている。国の経済が豊かになれば個人の貧困問題は解決するという発想は、今や誰も信じないであろう。

第6章 結びにかえて

　一方、過去の貧困対策は果たして無意味であったのかといえば、そうではない。多少の逆戻りはあったとしても貧困に陥った人々への支援を模索していく上で福祉制度は向上してきた。ただ既存の福祉制度では対応できない、いわば想定外の社会構造の変化が生じている。新自由主義によるグローバル化、急激な少子高齢化社会の進展等々である。それならば、常に新しい課題に対応できる貧困対策について英知を結集していくほかはない。貧困問題は古くて新しい問題である以上、解決策も常にレベルアップしていかなければならない。

　現代社会は高度に情報通信網が発達している。各国、各自治体においては、他で取り組んでいる先駆的な貧困対策を積極的に取り入れるとともに自らも開発していくべきである。貧困問題解決に向けての「人道的施策」の競争は大いに歓迎するところである。

　本書を執筆している最中、2013年12月6日の臨時国会において、「生活保護法の改正」及び「生活困窮者自立支援法」が成立した。生活保護法の改正が目指すところは、保護費の抑制といわれている。就労を促進し生活保護からの脱却を促すことはよいことであるが、現場の運用姿勢が単なる「保護の廃止」にシフトするなら改正の意味はない。

　また、生活困窮者自立支援法については、「生活保護に至っていない生活困窮者に対する『第2のセーフティネット』を全国的に拡充し、包括的な支援体系を創設するもの」という意義が掲げられている。こちらについても、生活困窮状態に陥った人々が利用しやすい制度で、第5章の第1節で触れた「経済的自立の可能性が高い稼働年齢層」の自立に寄与するのであれば望ましいところであるが、現場の対応が、単に生活保護受給の抑制につながるのであれば制定の意味はない。

　法改正や新法の効果を最大限発揮できるかどうかは、それを運用する福祉現場の組織の考え方や一人ひとりの職員の取組みにかかっているといっても言い過ぎではないだろう。生活保護法や新法が適切に執行されているかどうか今後の動きをきちんと見極めていく必要がある。

最後になるが、本書では、社会保障の財源は限られており、大幅な予算増を伴う改善策の提示は現実的ではないという判断から現状の枠組みを効果的に組み替えるとともに公共政策を担う行政機関の守備範囲を考察し、既存の社会資源を有効に活用することも問題解決に向けての重要な要素であることを確認した。本書で触れた改善の提案が多少なりとも役に立つことがあれば幸いである。

あとがき

　本書は、2014年に法政大学大学院公共政策研究科に提出した博士論文「行政による都市貧困層への支援政策」を加筆修正したものである。筆者は自治体職員として勤務しながら、夜間の社会人大学院で学び研究活動を行った。きっかけは、人事異動で、はじめて福祉の現場に配属された時、その業務の奥行きの深さと広さに驚き、体系的に福祉行政について学ぶとともに政策形成能力を高めたいと率直に思ったからである。修士課程を修了した2009年は年越し派遣村に象徴されたように日本社会がリーマンショックの影響によって貧困問題がクローズアップされていた時期でもあった。そうした状況を目の当たりにしたこともあり、更に政策形成能力を磨くため博士課程に進学した。

　行政機関の中において政策を実現するためには、問題発見能力やその解決方法の検討、関係部局との合意形成、政策実施等々、一連の政策形成過程の場面における様々な能力が求められる。限られた財源を効果的に配分し、最大限の結果を出して行かなければならない以上当然のことと思われる。法政大学大学院では、多くの自治体職員が、研究活動に励んでいる。現場で実務をよく知る自治体職員が、視野を広げ先駆的な政策を構築することができれば、その政策は机上の空論に陥ることなく、効果的な結果を生み出すことができると考える。

　筆者も大学院で研究を進める中、様々な施策を調査することで、少しずつそうした能力を身に着けることができたと思っている。そして、多少なりともその成果を職場にフィードバックすることができたと考える。その意味で、大学院に進学し知識を身につけることができ、当初の目標を達成できたと感じている。今後も、博士論文を執筆するにあたって身に着けた能力を引き続き研究活動に充て少しでも良い仕事ができるよう取り組んでいきたい。

　当然、このように社会人大学院で研究活動を続けることができたのは、多

くの方々からの指導・助言、励ましがあったことはいうまでもない。特に、指導教授である武藤博己先生におかれては、博士課程進学のお許しを頂き大変に感謝している。先生からは、卓越した知識と幅広いご経験から何度も貴重な御指導を賜った。また、先生が英国調査に行かれる時、無理を言って同行させて頂いた。先生と共にイースト・ロンドンのトインビーホールを訪問することができたのは貴重な経験である。修士課程の指導教授である宮﨑伸光先生にも感謝したい。2007年に修士課程の門を叩いた際には快く受け入れて頂き、学問から何十年も離れていた自分に研究の楽しさを教えて頂いた。また、博士論文審査の主査をお引き受け頂いた名和田是彦先生には、様々な文献や、先行研究、欧州の事例等から貴重なご指導を頂いた。申龍徹先生には、学術論文の執筆についてのアドバイスを頂くともに韓国での学会発表等の貴重な機会を与えて頂いた。法政大学大学院の諸先生方には大変お世話になり感謝の気持ちでいっぱいである。また、淑徳大学の結城康博先生には研究に臨む姿勢や社会人大学院生としての心構え等についてアドバイスを頂いた。首都大学東京の岡部卓先生には、社会福祉士受験の時よりお世話になり、2010年に日本社会福祉学会で報告をした際には、コメンテーターをお努め頂き貴重なご指導を賜った。これ以外にも、武藤ゼミ生を中心とする政策過程研究会において、様々な分野の先輩方から貴重なご意見を頂くとともに他の方の報告を聴くことができ、論文の幅を広げることができた。

　そして、本書の出版を快くお引き受け頂いた敬文堂の竹内基雄社長にも厚く御礼申し上げたい。出版未経験の筆者に丁寧にご対応下さった。おかげで安心して取り組むことができた。最後に、本書の完成まで研究生活を支え応援してくれた妻にもこの場を借りて感謝したい。

　本書の出版にあたっては、2015年度法政大学大学院博士論文出版助成金の交付を受けた。謝意を表する次第である。

2015年8月

　　　　　　　　　　　　　　　　　　　　　　　　元田　宏樹

参考文献

- 青木秀男（2000）『現代日本の都市下層』明石書店。
- 青木紀、杉村宏（2007）『現代の貧困と不平等』明石書店。
- 阿部彩（2006）社会政策学会編「相対的剥奪の実態と分析」『社会政策における福祉と就労』法律文化社、251-275。
- 新井光吉（2002）『アメリカの福祉国家政策』九州大学出版会。
- アンソニー・ギデンズ、渡辺聰子（2010）『日本の新たな第三の道』ダイヤモンド社。
- 生田武志（2007）『ルポ最底辺―不安定就労と野宿』ちくま新書。
- 今川勲（1987）『現代棄民考』田畑書店。
- 岩田正美、岡部卓、清水浩一編（2005）『貧困問題とソーシャルワーク』有斐閣。
- 岩田正美、西澤晃彦（2006）『貧困と社会的排除』ミネルヴァ書房。
- 岩田正美（2007）『現代の貧困―ワーキングプア／ホームレス/生活保護』筑摩書房。
- 埋橋孝文（1997）『現代福祉国家の国際比較』日本評論社。
- ―――（2011）『福祉政策の国際動向と日本の選択』法律文化社。
- 宇都宮健児、湯浅誠（2009）『派遣村』岩波書店。
- 宇山勝儀、船水浩行（2007）『福祉事務所運営論』ミネルヴァ書房。
- 江口英一（1979）『山谷―失業の現代的意味』未来社。
- ―――（1981）『社会福祉と貧困』法律文化社。
- NHKスペシャル取材班（2007）『ワーキングプア』ポプラ社。
- 大河内一男（1969）『大河内一男著作集第5巻 社会政策の基本問題』青林書院新社。
- 大伴茫人（2007）『徒然草・方丈記』筑摩書房。
- 大山史朗（2000）『山谷崖っぷち人生』TBSブリタニカ。
- 大山典宏（2008）『生活保護VSワーキングプア』PHP研究所。
- 岡部卓（2005）『福祉事務所ソーシャルワーカー必携』全国社会福祉協議会。
- 小野塚佳光、日下部禧代子、篠田徹、ほか（1992）『市民自立の政治戦略』朝日新聞社。
- 外務省（2013）「主要経済指標」外務省経済局国際経済課。
- 垣田裕介（2011）『地方都市のホームレス』法律文化社。
- 樫原朗（1981）『イギリス社会保障の史的研究Ⅰ』法律文化社。
- 加藤良重（2006）『自治体福祉政策』公人の友社。
- 門倉貴史（2008）『ワーキングプアは自己責任か』大和書房。
- ―――（2008）『貧困大国ニッポン』宝島社新書。
- 金子光一（2005）『社会福祉のあゆみ』有斐閣アルマ。
- 川崎修、杉田敦（2006）『現代政治理論』有斐閣アルマ。
- 神崎清（1974）『山谷ドヤ街』時事通信社。

- 紀田順一郎（2009）『東京の下層社会』筑摩書房。
- 京極髙宣（2006）『生活保護改革の視点』全国社会福祉協議会。
- 金智美（2006）『福祉国家体制確立期における自治体福祉政策過程』公人社。
- 金融庁「貸金業法のキホン」。
 (http://www.fsa.go.jp/policy/kashikin/kihon.html　2014.4.14)。
- 窪美昌保（1924）『大寶令新解』南陽堂書店。
- ゲッツ・W・ヴェルナー　渡辺一男訳（2007）『ベーシック・インカム―基本所得のある社会へ』現代書館。
- 厚生省(1948)『社会保障制度えの勧告』米国社会保障制度調査団報告書。
- 厚生労働省(2012)『厚生労働白書（平成24年版）』。
- ――――「平成22年度国民健康保険（市町村）の財政状況等について」保険局国民健康保険課。
- ――――「平成23年度国民健康保険（市町村）の財政状況等について」保険局国民健康保険課。
- ――――「平成23年国民生活基礎調査」大臣官房統計情報部人口動態・保健社会統計課世帯統計室。
- ――――(2007)『社会福祉行政業務報告』。
- ――――「住居喪失不安定就労者等の実態に関する調査報告書」職業安定局。
 (http://www.mhlw.go.jp/houdou/2007/08/dl/h0828-1n.pdf　2014.5.3)。
- ――――「生活保護制度」社会・援護局。
 (http://www.mhlw.go.jp/stf/seisakunitsuite/bunya/hukushi_kaigo/seikatsuhogo/seikatuhogo/　2014.5.3)。
- ――――「戦後社会保障制度史」政策統括官付社会保障担当参事官室。
 (http://www.mhlw.go.jp/seisaku/dl/21a.pdf　2014.5.3)。
- ――――(2008)『全国の自立支援プログラムの取組状況について』厚生労働省社会・援護局保護課。
- ――――(2011)「平成23年度全国母子世帯等調査結果報告」雇用均等・児童家庭局　家庭福祉課母子家庭等自立支援室。
- ――――「ナショナルミニマム研究会（第6回）資料」政策統括官付社会保障担当参事官室。
 (http://www.mhlw.go.jp/shingi/2010/03/dl/s0304-7d_2.pdf　2014.5.3)。
- ――――(2009)「日本人の食事摂取基準2010年版」。
 (http://www.mhlw.go.jp/shingi/2009/05/dl/s0529-4e.pdf　2011.11.18)。
- ――――「認知症サポーターキャラバン」。
 (http://www.mhlw.go.jp/stf/seisakunitsuite/bunya/0000089508.html　2014.7.22)。
- ――――「平成24年派遣労働者実態調査」大臣官房統計情報部雇用・賃金福祉統

参考文献

- ─────「非正規雇用（有期・パート・派遣労働）」職業安定局派遣・有期労働対策部企画課。
(http://www.mhlw.go.jp/seisakunitsuite/bunya/koyou_roudou/part_haken/genjou/ 2013.11.18)。
- ─────（2013）「被保護者調査（平成25年5月分概数）」社会・援護局保護課。
- ─────（2011）「平成23年度福祉行政報告例」大臣官房統計情報部人口動態・保健社会統計課行政報告統計室。
(http://www.mhlw.go.jp/toukei/saikin/hw/gyousei/11/dl/kekka_gaikyo.pdf 2013.11.18)。
- ─────（2009）「平成21年福祉事務所現況調査」社会・援護局総務課。
(http://www.mhlw.go.jp/toukei/list/dl/75-16a.pdf 2013.11.18)。
- ─────（2007）「ホームレスの実態に関する全国調査報告書の概要」社会・援護局地域福祉課。
(http://www.mhlw.go.jp/houdou/2007/04/h0406-5.html 2013.11.18)。
- ─────「平成19年ホームレスの実態に関する全国調査（生活実態調査）」の分析結果（概要）社会・援護局地域福祉課。
(http://www.mhlw.go.jp/houdou/2007/11/h1113-3.html 2013.11.18)。
- ─────（2012）「ホームレスの実態に関する全国調査（生活実態調査）結果について」社会・援護局地域福祉課。
(http://www.mhlw.go.jp/stf/houdou/2r98520000029ag9.html 2014.5.3)。
- ─────「平成24年「ホームレスの実態に関する全国調査検討会」報告書の公表について」社会・援護局地域福祉課。
(http://www.mhlw.go.jp/stf/houdou/2r9852000002rdwu.html 2014.5.3)。
- ─────「平成24年『ホームレスの実態に関する全国調査検討会』報告書の公表について」（参考資料6「平成23年度ホームレス対策事業運営状況調査」）社会・援護局地域福祉課。
(http://www.mhlw.go.jp/stf/houdou/2r9852000002rdwu-att/2r9852000002rlff.pdf 2014.5.3)。
- ─────（2009）「平成21年度離婚に関する統計の概況」統計情報部人口動態・保健統計課。
(http://www.mhlw.go.jp/toukei/saikin/hw/jinkou/tokusyu/rikon10/01.html 2013.11.18)。
- ─────「我が国の医療保険について」保険局総務課。
(http://www.mhlw.go.jp/stf/seisakunitsuite/bunya/kenkou_iryou/iryouhoken/iryouhoken01/index.html 2013.11.18)。
- 孝橋正一（1962）『社会事業の基本問題』ミネルヴァ書房。

- 国連開発計画（2010）『人間開発報告書 2010 概要』阪急コミュニケーションズ。
  (http://www.undp.or.jp/hdr/pdf/release/HDR2010_Japanese_Version_Summary110210.pdf　2011.11.03)。
- 国連開発計画東京事務所（2010）「人間開発報告書2010」。
  (http://www.undp.or.jp/hdr/pdf/release/101109_02.pdf　2011.11.05)。
- 国連難民高等弁務官事務所 HP。
  (http://www.unhcr.or.jp/ref_unhcr/camp/camp_02.html　2011.11.03)。
- 小玉徹、中村健吾、都留民子、ほか（2003）『欧米のホームレス問題（上）』法律文化社。
- 小玉徹（2003）『ホームレス問題何が問われているか』岩波ブックレット。
- 国境なき医師団 HP。
  (http://www.msf.or.jp/about/activity.html　2011.11.02)。
- 小林迪夫（2005）『公的扶助論』建帛社。
- 小峯敦編著（2011）『経済思想のなかの貧困・福祉』ミネルヴァ書房。
- 小山進次郎（1951）『生活保護法の解釈と運用』中央社会福祉協議会。
- 権丈善一（2009）『勿凝学問237』。
  (http://news.fbc.keio.ac.jp/~kenjoh/work/korunakare237.pdf　2012.11.15)。
- 埼玉県アスポート編集委員会（2013）『生活保護200万人時代の処方箋』ぎょうせい。
- 坂田周一（1999）「コミュニティの福祉効果」『立教大学コミュニティ福祉学部紀要』1。
  (http://www.rikkyo.ne.jp/~ssakata/paper/article/65.pdf　2013.06.08)。
- ―――（2008）『社会福祉政策（改定版）』有斐閣アルマ。
- 笹沼弘志（2008）『ホームレスと自立/排除』大月書店。
- 産経新聞（2011年3月27日）。
  (http://sankei.jp.msn.com/affairs/news/110327/dst11032703050012-n1.htm　2011.11.05)。
- 産経新聞大阪社会部（2008）『生活保護が危ない』扶桑社新書。
- 柴田謙治（1997）「イギリスにおける貧困問題の動向」国立社会保障・人口問題研究所『海外社会保障研究』№118, 4-17。
- ―――（2007）『貧困と地域福祉活動』みらい。
- 社会福祉学習双書編集委員会（2009）『公的扶助論』全国社会福祉協議会。
- 社会保障制度審議会（1953）『社会保障制度に関する勧告および答申類』。
- ジョゼハリス、柏野健三訳（2003）『福祉国家の父ベヴァリッジ』西日本法規出版。
- 新川敏光、井戸正伸、宮本太郎、ほか（2005）『比較政治経済学』有斐閣アルマ。
- 新宿ホームレス支援機構（2006）『季刊 Shelter-less』№28。
- 杉野昭博（1995）「ピーター・タウンゼンド」社会保障研究所『社会保障論の新潮流』有斐閣、179-195。

参考文献

- 杉村宏、藤城恒昭（2004）『どうする？生活保護「改正」』みずのわ出版。
- 鈴木亘、阪東美智子（2007）財団法人日本住宅総合センター「ホームレスの側からみた自立支援事業の課題」『住宅土地経済』№63、15-23。
- 生活保護制度研究会（2009）『保護のてびき　平成21年度版』第一法規。
- 生活保護手帳編集委員会（2009）『生活保護手帳（2009年度版）』中央法規出版。
- 世界銀行（2002）『世界開発報告　貧困との闘い　2000/2001』シュプリンガー・フェアラーク東京。
- 総務省統計局（2011）「平成21年全国消費実態調査」。
  (http://www.stat.go.jp/data/zensho/2009/keisu/yoyaku.htm　2011.11.08)。
- 『大辞泉（増補・新装版）』(1998) 小学館。
- 高木市之助（1974）『貧窮問答歌の論』岩波書店。
- 高島進（1995）『社会福祉の歴史』ミネルヴァ書房。
- 橘木俊詔（2006）『格差社会―何が問題なのか』岩波書店。
- 中国経営網「中国的基尼系数統計有被高估的可能」(2011年3月9日)。
  (http://opinion.cb.com.cn/12714523/20110309/189749.html　2011.11.05)。
- 中国網日本語版「中国のジニ係数、本当に警戒ラインを超えたのか」(2010年6月30日)。
  (http://japanese.china.org.cn/jp/txt/2010-06/30/content_20386379.htm　2011.11.05)。
- 辻明子、総合研究開発機構（2008）『就職氷河期世代のきわどさ』「就職氷河期世代の老後に関するシミュレーション」p114。
- デビッド・コーテン、西川潤監訳　桜井文訳（2001）『グローバル経済という怪物』シュプリンガーフェアラーク東京。
- 寺久保光良（1988）『「福祉」が人を殺すとき』あけび書房。
- 東京市役所（1935）『救護法に依る　被救護世帯調査』。
- 東京都（1964）『山谷地域における売血事情』。
- ―――（2009）「ホームレスの自立支援等に関する東京都実施計画（第2次）」。
- 東京都公文書館（1960）『都史紀要7　七分積金』。
  (http://www.soumu.metro.tokyo.jp/01soumu/archives/0604t_kiyo07.htm　2015.5.3)
- 東京都山谷対策検討委員会（2000）『山谷対策の今後のあり方について』。
- 東京都総務部調査課（1947）『都の社会救済に関する調査報告書』。
- 東京都福祉局（2003）「宿泊所実態調査」。
- 東京都福祉保健局（2007）『東京ホームレス白書Ⅱ』。
- ―――――――――（2007）『生活保護を変える東京提言』生活福祉部計画課・保護課。
- ―――――――――（2007～2011）「月報（福祉・衛生行政統計）」。

- (http://fukushihoken.metro.tokyo.jp/kiban/chosa_tokei/geppo/index.html 2013.11.19)
- ────────（2008）「福祉行政・衛生行政統計」。
- ────────（2014）「都区共同事業によるホームレス対策の現状について」。(http://www.fukushihoken.metro.tokyo.jp/seikatsu/rojo/homelesstaisaku.files/homeless2601.pdf)。
- 東京都報道発表資料「東京モデルによる解決事例」。(http://www.metro.tokyo.jp/INET/OSHIRASE/2008/04/20i4n202.htm　2013.11.19)
- 東京都民生局山谷対策室（1976）『東京都山谷対策のあらまし』。
- 東京都労働局（1963）『山谷地区の労働事情』。
- 独立行政法人国民生活センター（2006）「多重債務問題の現状と対応に関する調査研究」。(http://www.kokusen.go.jp/pdf/n-20060322_2.pdf　2014.4.14)。
- 利光三津夫（1967）『律令制とその周辺』慶應義塾大学法学研究会。
- 都政新報2010年5月14日。
- 内閣官房（2007）「多重債務問題改善プログラム」多重債務者対策本部。
- 内閣府『国民生活白書（平成15年度）』。
- ────（2005）「NPOに関する世論調査」。
- ────（2007）『経済財政白書』。
- 内務省地方局／社会局（1971）『細民調査統計表』慶應書房。
- 中川清（1985）『日本の都市下層』勁草書房。
- 長沼弘毅（1943）『最低生活研究』高山書院。
- 中野孝次（1996）『清貧の思想』文藝春秋。
- 名和田是彦（2003）『コミュニティの法理論』創文社。
- 西内潔（1971）『日本セッツルメント研究序説』童心社。
- 西岡晋（2005）「福祉国家縮減期における福祉政治とその分析視覚」『千葉大学公共研究』2（2）。
- 西澤晃彦（1995）『隠蔽された外部』彩流社。
- 二宮厚美（2007）『格差社会の克服─さらば新自由主義』山吹書店。
- 日本寄せ場学会（2004）『寄せ場文献精読306選』れんが書房新社。
- ────────（2004）『日本寄せ場学会年報』れんが書房新社。
- 日本経済新聞2010年3月10日。
- 認知症サポーターキャラバンHP。(http://www.caravanmate.com/index01.pdf　2014.7.22)。
- 橋本勇（1995）『地方自治のあゆみ』良書普及会。
- 浜林正夫（2009）『エンゲルス　イギリスにおける労働者階級の状態（上）』新日本

出版社。
- 平岡公一（2001）『高齢期と社会的不平等』東京大学出版会。
- 広井良典（1999）『日本の社会保障』岩波書店。
- ────（2006）『持続可能な福祉社会』筑摩書房。
- 福祉士養成講座編集委員会（2005）『公的扶助論』中央法規出版。
- 福原宏幸（2007）『社会的排除／包摂と社会政策』法律文化社。
- ホームレスと社会編集委員会（2009）『ホームレスと社会』明石書店。
- 毎日新聞2009年8月1日。
- 松下圭一（1998）『政治・行政の考え方』岩波書店。
- ────（2000）『転換期自治体の発想と手法』公人の友社。
- ────（2004-a）『転換期の自治体計画づくり』公人の友社。
- ────（2004-b）『政策型思考と政治』東京大学出版会。
- 松原岩五郎（1980）『最暗黒の東京』現代思潮社。
- 真山達志（2002）『政策形成の本質』成文堂。
- 水島宏明（2007）『ネットカフェ難民と貧困ニッポン』日本テレビ放送網。
- 宮尾しげを（1969）『東京名所図会　四谷区・牛込区』睦書房。
- 宮田親平（1995）『だれが風を見たでしょう─ボランティアの原点・東大セツルメント物語』文藝春秋。
- 宮本太郎（2002）「社会民主主義の転換とワークフェア改革」『年報・政治学』日本政治学会編、69、岩波書店。
- ────（2005）『福祉国家再編の政治』ミネルヴァ書房。
- ────（2011），『福祉政治』有斐閣。
- 麦倉哲（2006）『ホームレス自立支援システムの研究』第一書林。
- 武藤博己（1995）『イギリス道路行政史』東京大学出版会。
- ────（1997）『生活保護と地方分権』全日本自治団体労働組合。
- ────（2003）『入札改革』岩波書店。
- ────（2004）『自治体経営改革』ぎょうせい。
- ────（2008）『行政学叢書10　道路行政』東京大学出版会。
- 武藤博己編著（2006）『自治体行政の市場化』公人社。
- ────（2007）『自治体職員制度の設計』公人社。
- ────（2014）『公共サービス改革の本質』敬文堂。
- 元田宏樹（2010）「無料低額宿泊所の実態と利用者支援機能のあり方について」『社会福祉士』17、167-173日本社会福祉士会。
- ────（2014）「福祉事務所における職員の現況と課題」『公共政策志林』2、171-181法政大学公共政策研究科。
- 安岡憲彦（1999）『近代東京の下層社会』明石書店。
- 矢野聡（2011）「イギリス新救貧法原理の形成過程に関する研究」『政経研究』48

(1) 1-26。
(http://www.law.nihon-u.ac.jp/about/information/pdf/seikei/48/01.pdf 2012.11.15)。
- 山岸秀雄編著（2006）『NPOと行政・協働の再構築』第一書林。
- 山田壮志郎（2009）「ホームレス対策に関する包括的研究」『貧困研究会第12回定例会レジュメ』、貧困研究会、10頁。
- 山本雅基（2006）『東京のドヤ街・山谷でホスピス始めました』実業之日本社。
- 湯浅誠（2008）『反貧困』岩波書店。
- 横山源之助（1912）「貧街十五年間の移動」『太陽』博文館。
- ────（1985）『日本之下層社会』岩波文庫。
- 吉永純（2013）「生活保護に係る論点と自治体政策」『地方自治職員研修』5、17-20。
- 渡辺芳（2010）『自立の呪縛　ホームレス支援の社会学』新泉社。

- AFP, *In China, success is a black Audi A6*.（2011.4.24）.
(http://www.google.com/hostednews/afp/article/ALeqM5jQWNPn4FW_5zSYeKYL8ju5w-aKiA?docId=CNG.2f5a8fbdc481f0ab21e58aa4d496db7e.351, 2011.11.5)。
- Benjamin Seebohm Rowntree (1908), *Poverty A Study of Town Life*, London: Macmillan & Co.,Ltd.
- Council (Employment and Social Policy) 2001, *Draft Joint Report on Social Inclusion*.
(http://ec.europa.eu/employment_social/soc-prot/soc-incl/15223/part1_en.pdfp64 2014.4.12)。
- David, Boswell　John, Clarke (1983) *Social Policy and Social Welfare*.（＝1995, 大山博、武川正吾、平岡公一訳『イギリス社会政策論の新潮流』法律文化社）。
- FEANTSA spring 2002, *HOMELESS in Europe*, p4.
(http://www.feantsa.org/spip.php?article1036&lang=en 2014.4.12)。
- Friedrich Engels (1845), *Die Lage der arbeitenden Klasse in England*.（＝2000, 浜林正夫訳『イギリスにおける労働者階級の状態（下）』新日本出版社）。
- Gøsta Esping-Andersen (1990) *The Three Words of Welfare Capitalism*.（＝2001, 岡沢憲芙、宮本太郎訳『福祉資本主義の三つの世界』ミネルヴァ書房）。
- Maurice Dobb (1946), *Studies in the Development of Capitalism*.（＝1955, 京大近代史研究会訳『資本主義発展の研究Ⅱ』岩波現代叢書）。
- Oxford Poverty & Human Development Initiative (2010), *Multidimensional Poverty Index*.
(http://www.ophi.org.uk/wp-content/uploads/OPHI-MPI-Brief.pdf 2011.10.10)。

参考文献

- Paul Spicker（2007）, *The Idea of Poverty,* hbk. - Policy Press.（=2008, 圷洋一監訳『貧困の概念』生活書院）。
- Sidney and Beatrice Webb（1929, reprinted in 2003）, *English Poor Law History Part II,* Palgrave Macmillan.
- The National Archives, *1834 Poor Law.*
 (http://www.nationalarchives.gov.uk/documents/education/poor-law.pdf 2012.11.10)
- The United States Census Bureau（2011）, *Income, Poverty and Health Insurance Coverage in the United States: 2010.*
 (http://www.census.gov/newsroom/releases/archives/income_wealth/cb11-157.html, 2011.11.09)。
- Townsend, Peter（1979）*Poverty in the United Kingdom,* Penguin Books.
- Townsend, Peter（1993）*The International Analysis of Poverty,* Harvester Wheatsheaf.
- UNDP, *Human Development Report 2010.*
 (http://hdr.undp.org/sites/default/files/reports/270/hdr_2010_en_complete_reprint.pdf 2011.10.10)
- Walter Hagenbuch（1959）, *Social Economics.*（=1967, 永友育雄訳『社会経済学』紀伊国屋書店）。
- William A.Robson（1976）, *Welfare State and Welfare Society,* George Allen & Unwin Ltd.（=2000, 辻清明、星野信也訳『福祉国家と福祉社会』東京大学出版会）。

【索　引】

〈ア〉

IMF……………………………………48
アマルティア・セン（Amartya Sen）
　……………………………………50
アンソニー・ギデンズ（Anthony Giddens）……………………………26

〈イ〉

インターネットカフェ…………124, 125
衣食住………………59, 60, 68, 72, 130
Ⅰ類費………………………………133
医療保護法……………………………6
院外救済…………………………13, 14

〈ウ〉

ウィレンスキー（Harold L. Wilensky）
　……………………………………38
ウェッブ（Beatrice Webb）…………21

〈エ〉

HDI ⇒人間開発指数
AFDC……………………………31, 42
エスピン・アンデルセン（Gøsta Esping Andersen）………31, 33, 34,
　　　　　　　　　　37, 38, 39, 40, 41
エドワード6世（Edward Ⅵ）………11
MPI ⇒多次元貧困指数
エリザベス救貧法………………11, 12
エンゲルス（Friedrich Engels）…18, 68
エンパワーメント…………………180

〈オ〉

王命救貧法委員会……………………17
OECD………………………28, 29, 39
大きな政府……………………………24
OJT……………………………………97
OFF‐JT………………………………97

〈カ〉

カール・マルクス（Karl Heinrich Marx）……………………………68
格差縮小方式………………………130
格差問題………………………………68
可視化………………………………108
片山潜………………………68, 168, 169
稼働年齢層…………2, 10, 88, 105, 107,
　　　　　　　　114, 160, 161, 185
簡易宿所…………………………112, 116
完全雇用…………………28, 29, 30, 37

〈キ〉

機会の平等………………………34, 50
基準財政需要額……………………157
木賃宿…………………………………71
基本的人権…………………………128
基本方針……………………………143
救護法………………4, 5, 7, 13, 21, 61, 171
旧生活保護法………6, 7, 11, 21, 130, 132
救貧院…………………………………12

199

救貧税 …………………………12, 16, 17, 18
給付付き税額控除………………………16
教区委員………………………………12
共済組合…………………………………85
共助 ………………………167, 180, 181
協働 ………………………………174, 181
ギルバート法 …………………………13, 14
緊急雇用創出事業特例交付金…………26

〈ク〉

グスタフ・メッレル（Gustav Möller）
　………………………………………27
組合管掌健康保険………………………85
軍事扶助法………………………………6

〈ケ〉

経済的給付 ……………………………159
経済的自立……45, 129 132, 153, 161, 185
ケインズ（John Maynard Keynes）29
ケースワーク業務の一部委託 ………162
結果の平等………………………………34
現業を行う所員 ………………………137
現行生活保護法 ……………7, 8, 61, 159
現物給付 ……………………………4, 36

〈コ〉

5巨人悪………………………………22
公設派遣村 ……………………………107
コーポラティズム …………………35, 40
国民健康保険 ……………………85, 86, 87
国民保健サービス法 ……………22, 28
国連開発計画 ……………………50, 52

国連難民高等弁務官事務所……………53
国家責任 …………………5, 6, 7, 8, 129
国境なき医師団…………………………54
小山進次郎………………………………1
雇用の調整弁 …………………………116
雇用保険…………………………………99
コンパクトシティ ……………………172

〈サ〉

最低限度の生活水準……………………60, 184
最低生活保障 ………………………6, 8, 130
査察指導員 ………137, 138, 139, 141, 164
サッチャー（Margaret Hilda
　Thatcher） ……………………24, 25
サッチャー政権 ………………………24, 30

〈シ〉

GDP ……………………………38, 55, 56
シーニア（Nassau Senior）…………17
シーボーム・ラウントリー
　（Benjamin Seebohm Rowntree）
　………………………………………20, 61
支援団体 …………13, 106, 109, 152, 153
資格証明書………………………………86
自己責任 …………9, 26, 29, 34, 67, 106
資産調査 ………………………………164
七分積金………………………………2, 12
実施計画 ………………………………143
指導監督を行う所員 …………………137
児童虐待防止法…………………………5
ジニ係数 ………………………54, 56, 100
社会構造変化 ………………142, 165, 184

社会生活自立……………………45
社会的排除…………………78, 110
社会福祉士 …………161, 164, 188
社会福祉主事 ……137, 138, 161, 162, 164
社会保障制度への勧告 ……………7
社会民主主義…………23, 25, 32, 39, 40
社会民主主義的福祉レジーム ……33, 36
住居喪失不安定就労者⇒ネットカフェ難民
自由主義的福祉レジーム …………33, 34
就職氷河期世代……………………96
収斂理論……………………………38
就労指導…………………………160
恤救規則………………3, 4, 5, 13, 167
消費者金融………………88, 89, 90
職員の専門性 ………137, 142, 161
所得の再分配 ………………28, 42
ジョブセンター・プラス…………23, 25, 43
自立支援プログラム ……………44, 45
自立の助長 …………129, 142, 159, 177
新救貧法 ………16, 17, 18, 19, 20, 21, 28
人口論………………………………18
新自由主義…………25, 30, 42, 44, 54, 185
人的資源開発モデル………………43

〈ス〉

水準均衡方式……………………130
スティグマ………………8, 13, 22, 23, 129
スピーナムランド法 ……14, 15, 16, 17

〈セ〉

生活困窮者緊急生活援護要綱 …………6

生活保護受給者 ………9, 44, 67, 104, 105,
　　138, 140, 177
生活保護受給世帯……………23, 101, 105, 178
生活保護水準 ………………16, 67, 126
清貧 ……………………47, 58, 59, 60
セーフティネット ………11, 25, 35, 43, 87,
　　108, 109, 142, 159, 161, 180, 184, 185
世界恐慌 ……………………5, 21, 29
世界銀行 ……………47, 48, 49, 50, 52, 56
赤貧……………………………………59
積極的労働市場政策………………36
摂取カロリー ………………54, 63, 64
絶対的貧困基準…22, 60, 66, 67, 75, 76, 80
節欲説………………………………17
施薬院………………………………2
全国均一処遇の原則………………17
全国健康保険協会管掌健康保険………85

〈ソ〉

相対的剥奪指標 ……………76, 78, 84, 85
相対的貧困基準 ……………67, 75, 78, 80, 84
その他世帯 …………………105, 161

〈タ〉

第一次的貧困 ………………63, 65, 74, 80
第三の道 ……………………………25, 43
第二次的貧困 ………………63, 65, 74, 80
大宝律令 ………………1, 2, 4, 9, 57, 58
多次元貧困指数 ……………………50, 52
多重債務者 …………………88, 89, 91, 92
短期被保険者証……………………86
TANF……………………………42

〈チ〉

治安判事 ……………………………12, 14
小さな政府…………………… 24, 30, 34
地区担当員 ………………………… 159
地方交付税交付金 ………………… 141
地方分権一括法 ……………… 137, 141
チャールズ・ディケンズ（Charles John Huffam Dickens） ………… 19
チャールズ・ブース（Charles Booth）…………………20, 62, 65
懲治院 ………………………………12, 13

〈ツ〉

徒然草 ………………………………59, 60

〈テ〉

ディーセントワーク ………………… 44

〈ト〉

トインビー・ホール …………… 168, 169
東京帝国大学セツルメント … 169, 170, 171
都区共同事業 ……………… 144, 148, 155
特殊尋常小学校 ……………………74, 75
年越し派遣村 ………… 106, 107, 108, 187
都市雑業 ………………………71, 122, 152
都市貧困層 ……… 47, 59, 71, 75, 101, 187
トランポリン型福祉 …………………25, 43

〈ナ〉

長沼弘毅 ……………………………60, 61
ナショナル・ミニマム …… 21, 66, 76, 79

〈ニ〉

日常生活自立 ………………………… 45
日本書紀 ……………………………… 58
Ⅱ類費 ……………………………… 133
人間開発指数 ………………………… 50

〈ネ〉

ネットカフェ難民 ……… 87, 108, 124, 126

〈ノ〉

ノブレス・オブリージュ ……… 169, 174

〈ハ〉

バークシャー・パン法 ……………… 15
パーソナル・サポート・サービス …… 25
ハーバート・デソーザ（Herbert de Souza） ………………………… 175
働き得る貧困者 ……………………… 26
バブル経済 …………………58, 105, 140
ハローワーク … 10, 45, 107, 147, 162, 164
半福祉半就労 …………………… 129, 147

〈ヒ〉

ピーター・タウンゼント（Peter Brereton Townsend） ………75, 76
比較福祉国家論 ………………………33, 38
悲田院 ………………………………… 2
被保護実人員 ……………………… 102
被保護世帯数 ………………… 101, 137
日雇派遣労働 ………………… 124, 126
貧窮問答歌 …………………………57, 58

貧困原因……………………………85
貧困の固定化……………………99, 184
貧困の世代間連鎖 ………………165
貧困防止の社会化 ……165, 166, 167, 168
　　　　171, 174, 175, 178, 179, 180, 181
貧民監督官………………………………12
貧民救済委員会……………………17

〈フ〉

不安定な雇用形態 …………………124
福祉国家再編 ………………23, 27, 31, 43
福祉事務所長 ………………………136
福祉多元主義………………………179
福祉に関する事務所 ……………134, 162
福祉排外主義………………………31
福祉レジーム論 …………………33, 38
福祉六法 ……………………………135
不交付団体 ………………………134, 157
扶助の種類 ………………………133, 134
不正受給 ……………………………9, 141
扶養義務者 ………………………132, 167
扶養照会 ……………………………132
扶養親族 …………………………12, 26

〈ヘ〉

ベヴァリッジ（William Henry
　Beveridge）………22, 28, 30, 76, 79, 80
ベヴァリッジ報告 ………22, 28, 29, 80
ベーシック・インカム………………16
ヘンリー8世（Henry VIII）…9, 10, 11

〈ホ〉

防貧事業 ……………………………168
ホームレス自立支援システム 142, 144, 167
ホームレス自立支援法 ……142, 143, 153
ホームレスの自立の支援等に関する
　特別措置法 ………………110, 111, 143
ポール・スピッカー（Paul Spicker）…77
ポール・ピアソン（Paul Pierson）…32
保護開始 ………………103, 104, 105, 107
保護申請者 ………………………107, 177
保護請求権…………………………5, 7, 8, 61, 129
保護世帯類型………………………105
保護廃止 ………………………103, 104, 129
母子保護法 ………………………………6
保守主義的福祉レジーム …………33, 35
補足性の原理 ……………1, 131, 160, 161

〈マ〉

マーケット・バスケット方式…………66
マルサス（Thomas Robert Malthus）
　………………………………………18

〈ミ〉

ミーンズテスト…………34, 141, 160, 161
水際作戦……………………10, 104, 158, 160

〈ム〉

無差別平等 ………………………6, 129

〈メ〉

メディケア …………………………29, 31

203

メディケイド……………………………29

〈ヤ〉

夜警国家……………………………27
山上憶良……………………………57

〈ユ〉

UNHCR ⇒国連難民高等弁務官事務所
UNDP ⇒国連開発計画
ゆりかごから墓場まで…………22, 23, 28

〈ヨ〉

ヨーク市……………………………74
横山源之助 ………………68, 74, 121

〈リ〉

隣保事業 ……………………………172

〈レ〉

劣等処遇 ……………13, 17, 18, 20, 67, 80

〈ロ〉

労役場制度……………………………18
労働市場拘束モデル…………………43
ロックイン効果………………………32
ロブソン（William A.Robson）……65

〈ワ〉

ワーキングプア……………………44

著者紹介

元田　宏樹（もとだ　ひろき）

　大阪府生まれ
　2014年　法政大学大学院公共政策研究科博士後期課程修了
　　　　　博士（公共政策学）
　　　　　社会福祉士

　現　在　法政大学大学院比較ガバナンス研究所
　　　　　特任研究員

主要論文
「無料低額宿泊所の実態と利用者支援機能のあり方について」
　『社会福祉士』第17号，日本社会福祉士会，2010年
「福祉事務所における職員の現況と課題」『公共政策志林』第
　２号，法政大学公共政策研究科，2014年

都市貧困層の実態と支援政策

2016年２月25日　初版発行　　定価はカバーに表示してあります

著　者	元　田　宏　樹
発行者	竹　内　基　雄
発行所	株式会社　敬　文　堂

東京都新宿区早稲田鶴巻町538平成ビル101
東京(03)3203-6161代　ＦＡＸ(03)3204-0161
振替　00130-0-23737
http://www.keibundo.com

©2016, Hiroki MOTODA　　　ISBN978-4-7670-0217-0 C3036
Printed in Japan

印刷／信毎書籍印刷株式会社　製本／有限会社高地製本所
落丁・乱丁本は，お取替えいたします。